MANUAL PARA A APLICAÇÃO DOS *CORE SETS* DA CLASSIFICAÇÃO INTERNACIONAL DE FUNCIONALIDADE (CIF) NA REABILITAÇÃO NEUROPSICOLÓGICA DOS TRANSTORNOS PSIQUIÁTRICOS

Coleção
Como eu faço
a Reabilitação
Neuropsicológica

MANUAL PARA A APLICAÇÃO DOS *CORE SETS* DA CLASSIFICAÇÃO INTERNACIONAL DE FUNCIONALIDADE (CIF) NA REABILITAÇÃO NEUROPSICOLÓGICA DOS TRANSTORNOS PSIQUIÁTRICOS

Fabricia Loschiavo-Alvares

Artesã

Manual para a Aplicação dos *Core Sets* da Classificação Internacional de Funcionalidade (CIF) na Reabilitação Neuropsicológica dos Transtornos Psiquiátricos

1ª Edição - 1ª Reimpressão dezembro de 2025

DIRETOR
Alcebino Santana

DIREÇÃO DE ARTE
Tiago Rabello

REVISÃO
Fabricia Quintão Loschiavo-Alvares

CAPA
Artesã Editora

PROJETO GRÁFICO E DIAGRAMAÇÃO
Conrado Esteves

L879 Loschiavo-Alvares, Fabricia Quintão.
Manual para a aplicação dos core sets da Classificação Internacional de Funcionalidade (CIF) na reabilitação neuropsicológica / Fabricia Loschiavo-Alvares. – Belo Horizonte : Artesã, 2020.

82 p. ; 21 cm.

ISBN: 978-65-86140-22-4

1. Classificação Internacional de Funcionalidade (CIF). 2. Neuropsicologia cognitiva - reabilitação. 3. Avaliação da funcionalidade I. Título.

CDU 616.8

Catalogação: Aline M. Sima CRB-6/2645

IMPRESSO NO BRASIL
Printed in Brazil

(31)2511-2040 (31)99403-2227
www.artesaeditora.com.br
Rua Rio Pomba 455, Carlos Prates - Cep: 30720-290 | Belo Horizonte - MG
/artesaeditora

SUMÁRIO

PREFÁCIO

Como eu faço a reabilitação neuropsicológica? Pergunta que sempre escuto em todas as aulas e cursos que ministro. Questionamento pertinente, e sem dúvida, de muita relevância clínica.

Costumo, sempre, ao fazer alusão à reabilitação neuropsicológica, a minha tão amada área de atuação clínica e de pesquisa há anos, como uma arte. Como o oleiro molda o barro para resultar na sua idealizada escultura? Como o escultor maneja as suas ferramentas a fim de apresentar, ao final, a sua obra de arte? Sim, vocês podem me responder, que são fruto de anos de experiência, de inspiração e criatividade, um dom, aprimorado com a observação sistemática, a partir da experenciação de diferentes procedimentos e técnicas, de aprofundamentos teóricos e vivenciais, da paixão, disciplina, enfim, várias são as respostas. Mas em todas, evidenciamos aspectos centrais. A reabilitação neuropsicológica (sou suspeita para falar) é realmente inspiradora e apaixonante. O profissional da reabilitação é aquele disposto a, a partir do pouco, fazer muito, a "pensar fora da caixa", a inovar, a propor caminhos onde inicialmente, não se viam nem trilhas. É aquele que tem o olhar acurado para entender além do observado, profissional capaz de criar conexões entre o, a princípio, inconectável. Uma pessoa detalhista, curiosa, dinâmica, observadora, e sim, sensível, versátil, pragmática, mas sempre conectada ao humano. Então, realmente, penso na analogia de um escultor. Somos escultores! Escultores de novas realidades, novos comportamentos, novas vivências e comportamentos, de novas ocupações e funcionalidades! E para tanto requeremos tudo o que foi mencionado acima, e manejamos todos estes componentes, ou ingredientes, com uma precisão estequiométrica, assim, somos escultores e alquimistas. Aonde entra a paixão? Esta é a parte mais fascinante para mim! Não temos receita de nada (mesmo em indivíduos com o mesmo diagnóstico!), logo, novo paciente, novas fórmulas, novos desafios e resultados, novas esculturas! Gosto muito de uma célebre frase de Henry Alder, que diz que "o cérebro humano tem sido descrito como o único computador universal que pode funcionar com glicose (...). Infelizmente, também é o único computador que é entregue sem manual de instruções. Assim, vemo-nos obrigados a aprender à medida que evoluímos". Imagine ao acrescentarmos as emoções, as experiências e histórias de vida, o ambiente? Quanta imprevisibilidade! Mas quão belo é este componente para a criação! Esta é a beleza da nossa obra de arte, aprendemos e reaprendemos com nossos pacientes. À medida que os auxiliamos a esculpir ou a (re) esculpir as suas próprias vidas, também eles nos auxiliam a esculpir as nossas, mudamos e somos mudados a cada instante.

Desta forma, realmente, muitos dos itens acima não são adquiríveis, são traço, não estado. São características de indivíduos, que os tornam mais inclinados para serem reabilitadores. Mas e as outras? Aquelas que demandam sim um aprendizado e aprimoramento? É para esta que estes manuais e os seus respectivos *boxes* foram criados. Partiram do meu desejo e maior comprometimento de formar profissionais de reabilitação, para que juntos, e em cooperação somemos para o fortalecimento desta área no nosso país e, sem dúvida, agreguemos todo o ferramental científico de que ela tanto necessita. Assim, vários são os títulos, mas em todos, você, profissional da reabilitação, que já dispõe de todas as características traço ressaltadas acima, encontrará as respostas para todas as suas perguntas práticas. O eixo central, a linha mestra, é o Modelo Abrangente de Reabilitação Neuropsicológica, ver Loschiavo Alvares & Wilson (2020). Mas todas as questões objetivas e pragmáticas serão nesta coletânea apresentadas de forma didática, fluida, eminentemente clínica, no estilo "como eu faço". E é claro, ela não poderia ter outro nome, se não o "Como eu faço a Reabilitação Neuropsicológica".

Este Manual, intitulado, Manual para a Aplicação dos Core Sets da Classificação Internacional de Funcionalidade (CIF) Na Reabilitação Neuropsicológica, o primeiro do *Box* 1, tem como propósito central capacitar o profissional da reabilitação a usar o arcabouço da CIF e seus *Core Sets* de uma forma objetiva e precisa, para a avaliação funcional, para o estabelecimento de metas a fim de culminarem na proposição de uma plano de intervenção em RN mais eficaz. Todos os *Core Sets*, em uma formatação única e exclusiva, ineditamente publicados em português, estão disponíveis para *download* no meu site, www.nexusclinica.com.br, ver orientações abaixo.

Desejo-lhes uma leitura profícua e enriquecedora, além de claro, muito inspiradora, para que assim, agreguem ferramentas mais "refinadas" e acuradas à extensa bagagem, que tenho certeza, vocês já trouxeram para esculpirem as obras de arte de vocês.

Fabricia Quintão Loschiavo Alvares

ORIENTAÇÕES PARA DOWNLOAD E CURSO

Todos os *Core Sets* mencionados neste manual estão disponíveis para download no endereço www.nexusclinica.com.br/central-de-downloads.

Basta acessar e preencher o formulário com os seguintes dados: nome, telefone, endereço, e-mail e o ISBN desta obra.

Este manual é material didático do curso "Aplicação dos *Core Sets* da Classificação Internacional de Funcionalidade (CIF) na Reabilitação Neuropsicológica", disponível em www.cursos.nexusclinica.com.br.

Caso você tenha adquirido este manual e tenha interesse em nossa formação completa no assunto, envie um e-mail para cursos@nexusclinica.com.br, com seus dados e a nota fiscal de compra deste livro, para que receba um *voucher* especial de desconto na matrícula do curso.

INTRODUÇÃO 1

Em conformidade com Loschiavo Alvares (2020), os processos de reabilitação, segundo a Organização Mundial da Saúde (OMS), têm como objetivo possibilitar que os pacientes atinjam o maior nível possível de adaptação física, psicológica e social, abarcando, portanto, todas as medidas que pretendam reduzir o impacto da inabilidade e as condições de desvantagem, permitindo que as pessoas com alguma deficiência/incapacidade atinjam um nível adequado de integração social (Wilson, 2005). Desta forma, a intervenção em reabilitação neuropsicológica (RN) deve sempre ser compreendida de maneira mais ampla, a partir de referências à pessoa no seu contexto e em suas relações, tornando-se, portanto, a mensuração do impacto das deficiências cognitivas no cotidiano do individuo, uma conduta indispensável. Dentro desta perspectiva torna-se imprescindível o emprego de avaliações que mensurem a funcionalidade de maneira objetiva (Loschiavo-Alvares et al., 2011), ou seja, de acordo com Hagedorn (2007), compreendida enquanto a capacidade de desempenho de papéis, relacionamentos e ocupações esperados para a pessoa, considerando sua faixa etária, sexo e cultura.

Avaliação, conforme Wilson (2011) está relacionada ao julgamento, opinião, apreciação, análise e exame. De acordo com Sundberg e Tyler (1962), avaliação é a coleção sistemática, organização e interpretação das informações sobre uma pessoa e sua situação, estando também relacionada com a predição de comportamento em novas demandas. O aspecto que determinará a forma como a informação é coletada, organizada e interpretada dependerá tanto do motivo pelo qual a avaliação se faz necessária (Wilson, 2011), quanto da formulação clínica subjacente à pergunta que deve ser respondida.

De acordo com Cerqueira et al. (2009) a avaliação funcional é delineada a fim de compreender a funcionalidade do indivíduo, no uso de suas competências críticas de forma a obter a satisfação e o sucesso no contexto em que o mesmo se encontra inserido. Assim mais que um procedimento diagnóstico, a avaliação da funcionalidade é a primeira etapa da intervenção, e deve ser designada para a identificação e quantificação de possíveis problemas e determinação de potencialidades, visando tanto o delineamento adequado de um plano terapêutico, como a delimitação de ferramentas para a avaliação da eficácia da intervenção (Farina et al., 2010).

Considerando o acima exposto, a partir da condução da avaliação da funcionalidade, o profissional encontrará as respostas para as seguintes questões (Wilson, 2002):

- Como as dificuldades cognitivas, físicas e sociais se manifestam na rotina do sujeito?
- Quais são os problemas mais relevantes e que geram maior comprometimento funcional?
- Qual tipo de suporte está disponível para a pessoa?
- Quais estratégias de *coping* são empregadas?
- Os problemas são potencializados por depressão ou ansiedade?
- Essa pessoa consegue desempenhar suas ocupações de maneira independente?

- Quais tipos de estratégias de compensação são utilizados ou a partir de qual a pessoa se beneficiaria mais?
- É necessária alguma adaptação ambiental?
- Qual a melhor forma para esta pessoa aprender novas informações?
- De qual tipo de informação ela mais se beneficia?
- Quais informações são necessárias de serem aprendidas?
- Quais são as demandas cognitivas necessárias ao desempenho ocupacional desta pessoa?

Enfim, o emprego de avaliações funcionais tem papel relevante na delimitação de um acurado perfil de funcionamento individual, incluindo os aspectos cognitivos, emocionais, sociais e interpessoais (Sol hberg & Mat eer, 2001). Mais que isto, em que pese que o comportamento sempre depende do ambiente de alguma maneira, a avaliação funcional é o processo de desenvolvimento de hipóteses sobre as relações funcionais entre o indivíduo, seus comportamentos e seu meio ambiente. As hipóteses geradas a partir de uma avaliação funcional sólida aprimoram nossa compreensão do comportamento e, por conseguinte, da nossa capacidade de predizê-lo.

Nesta perspectiva, uma avaliação funcional deve abranger as áreas de desempenho, componentes e contexto de desempenho. Tais áreas são amplas categorias de atividade, como as atividades de vida diária (AVD´s), instrumentais (AIVD´s), de trabalho e produtividade e atividades de lazer. Já os componentes de desempenho são compreendidos como as capacidades fundamentais para o engajamento bem-sucedido nas áreas de desempenho, sendo estes sensório-motores, cognitivos, psicossociais e emocionais. E, por fim, os contextos de desempenho, compreendidos como situações ou fatores que influenciam o engajamento da pessoa nas áreas de desempenho desejadas e/ou necessárias, que dependem de aspectos temporais (idade, estado de saúde) e aspectos ambientais (considerações físicas, sociais e culturais) (Neistadt & Crepeau, 2002). A resultante da interação entre as três instâncias explicitadas acima determinará a funcionalidade do indivíduo. E como resultante maior, a partir da avaliação funcional têm-se todos os pré-requisitos necessários para o delineamento da intervenção em RN, que visa, em linhas gerais, minorar o impacto do comportamento disfuncional, melhorar / implementar comportamentos mais adaptativos e ensinar novas habilidades, que sejam ocupacionais e funcionalmente significativas (Loschiavo-Alvares & Wilson, 2020).

Considerando a ampla miríade dos transtornos psiquiátricos, conforme Loschiavo Alvares & Wilson (2020), os déficits cognitivos são achados comuns nestes, contribuindo, substancialmente, para restrições nas habilidades produtivas e no desempenho social e diário (Corrigan et al., 2007; Grant & Adams, 2009; Loschiavo-Alvares, Fish & Wilson, 2018). Consequentemente, o funcionamento cognitivo preservado é um preditor significativo de um prognóstico positivo na intervenção psiquiátrica (Corrigan et al., 2007). Segundo Krauss e Keefe (2007), a compreensão do acometimento cognitivo e do impacto ocupacional decorrente deste, em diferentes doenças psiquiátricas, é uma ferramenta essencial para o planejamento de intervenções mais eficientes. Neste sentido, a Classificação Internacional de Funcionalidade (CIF), ocupa um importante papel na classificação dos déficits cognitivos, baseada na manifestação e severidade destes no desempenho funcional do indivíduo (Arthanat et al., 2004). Fornecendo, desta forma, uma sólida base para o estabelecimento de metas para a intervenção em RN, através da integração de informações de avaliação de diferentes fontes, contextos e perspectivas.

Conforme o exposto, o presente manual tem como proposito maior apresentar um guia clínico para o profissional da reabilitação neuropsicológica, que atua na psiquiatria, a fim de que este empregue os *Core Sets* da CIF, como etapa da avaliação funcional, condição *sine qua non* para a delineação e implementação de programas de intervenção, conforme o Modelo Abrangente de Reabilitação Neuropsicológica para os transtornos psiquiátricos, proposto por LoschiavoAlvares & Wilson (2020). Serão, portanto, apresentados os *Core Sets* para as condições de saúde de interesse na psiquiatria, quais sejam: depressão, esquizofrenia, transtorno afetivo bipolar, transtorno do déficit de atenção e hiperatividade e transtorno do espectro autista.

A CLASSIFICAÇÃO INTERNACIONAL DE FUNCIONALIDADE (CIF)

2

A CIF ocupa um importante papel para a classificação dos déficits cognitivos, baseada na manifestação e severidade destes no desempenho funcional do indivíduo (Arthanat et al, 2004). A CIF é estruturada com um relevante nível de detalhamento, e como os itens são classificados hierarquicamente, permitem que o profissional selecione o nível de especificidade que melhor se adapte ao avaliado. Todos os itens são operacionalmente definidos com lógica e consistência, são mensuráveis e principalmente, aplicados para avaliação contextualizada com acurácia e simplicidade. A CIF pertence à "família" das classificações internacionais desenvolvida pela Organização Mundial da Saúde (OMS), para aplicação em vários aspectos da saúde. Tem como objetivos proporcionar uma base científica para a compreensão e o estudo dos determinantes da saúde e dos resultados e condições relacionadas com a esta; estabelecer uma linguagem comum para a descrição da saúde e dos estados relacionados a ela; melhorar a comunicação entre diferentes utilizadores, tais como, profissionais de saúde, investigadores, políticos e o público; permitir a comparação de dados entre países, entre disciplinas relacionadas com os cuidados de saúde, entre serviços, e em diferentes momentos ao longo do tempo e proporcionar um esquema de codificação universal.

Importante ressaltar que a CIF não classifica pessoas, mas descreve a situação de cada pessoa dentro de uma gama de domínios de saúde ou relacionados a mesma, e esta descrição é sempre feita dentro do contexto dos fatores ambientais e pessoais (OMS, 2015).

Por saúde, de uma forma mais ampla, compreende-se o como funcionamos no dia a dia (Bickenbach, 2012). Para denotar esse aspecto positivo e prático da saúde, a OMS usou o termo "funcionalidade", que é a base da CIF. Funcionalidade, na CIF, é um termo guarda-chuva, definido como capacidade de determinar e executar atividades da vida diária, considerando-se as funções dos órgãos ou sistemas e estruturas do corpo, assim como as limitações das atividades e da participação social no meio onde a pessoa vive. O termo incapacidade, em contraponto, abrange deficiências, limitação de atividades ou restrição na participação do convívio social. Esses termos determinam o estado de saúde de um indivíduo, deslocando-se a percepção negativa dos agravos à saúde para a visão pautada na preservação da autonomia e independência. Ainda, de forma mais pragmática, funcionalidade é o conjunto de domínios específicos do funcionamento humano – mais uma vez, funções e estruturas corporais e as atividades que as pessoas fazem e o que elas são ou aspiram ser. Esses domínios do funcionamento são as categorias que, por sua vez, são os itens da classificação da CIF. A OMS ainda postula que a funcionalidade é um conceito contínuo, ou seja, um conceito mensurável ao longo de um *continuum* de funcionamento completo (ou total) até completa ausência de (ou nenhum) funcionamento. Em outras palavras, quando as pessoas experimentam dificuldades no funcionamento, o resultado é incapacidade. Funcionalidade é, portanto, um termo genérico para Funções Corporais, Estruturas Corporais e Atividades e Participação (Rauch, Luckenkemper

& Cieza, 2012). Incapacidade refere-se a deficiências nas funções corporais e estruturas corporais, limitações nas atividades e restrições na participação, conforme demonstrado na Tabela 1.

Tabela 1 – Conceitos da CIF

Componente	Funções e estruturas corporais	Atividade	Participação	Fatores ambientais
Definição	Funções referem-se às funções fisiológicas dos sistemas (incluem funções mentais, cognitivas). E estruturas são as partes anatômicas.	É a execução de tarefas realizadas no dia a dia de um indivíduo.	É o engajamento em uma situação social.	Compreende os fatores externos, o meio ambiente onde a pessoa vive.
Aspecto positivo	Integridade funcional e estrutural	Atividade	Participação	Facilitadores
Aspecto negativo	Deficiência	Limitação da atividade	Restrição da participação	Barreiras / obstáculos

Em que pese ressaltar que, embora a funcionalidade esteja associada a uma condição de saúde (que inclui doenças, distúrbios e lesões), ela não é conceituada como conseqüência direta de uma condição de saúde, mas sim como resultado da interação entre uma condição de saúde e fatores contextuais, ou seja, dos Fatores Ambientais e Pessoais. A interação entre esses componentes é dinâmica e bidirecional; alterações em um componente podem influenciar um ou mais dos outros componentes. Esse entendimento é representado pelo modelo biopsicossocial integrativo da CIF, conforme Figura 1.

Figura 1 – O Modelo da CIF

O modelo da CIF, como mostrado na figura acima, ilustra o papel essencial dos fatores ambientais e pessoais para o nível de funcionamento e incapacidade de uma pessoa. Os fatores ambientais podem atuar como barreiras (produzindo ou aumentando a gravidade de uma deficiência) ou como facilitadores (melhorando ou mesmo eliminando uma deficiência). Por esse motivo, os fatores ambientais devem sempre ser levados em consideração ao descrever o nível de funcionamento de uma pessoa. Com esse modelo, a CIF contribui para uma melhor compreensão do funcionamento e da deficiência e, portanto, oferece uma melhor abordagem para descrever a experiência vivida em saúde. Este modelo também serve como base para a classificação da funcionalidade.

A classificação da CIF é organizada hierarquicamente, de acordo com a Figura 2. Logo, ela consiste em duas partes: (1) "funcionalidade e incapacidade" e (2) "fatores contextuais", cada um com dois componentes: a Parte 1 consiste em "Funções e estruturas corporais" e "Atividades e Participação" e a Parte 2 consiste em "Fatores Ambientais" e "Fatores Pessoais". Embora os Fatores Pessoais estejam incluídos no modelo integrativo de funcionamento, incapacidade e saúde, eles ainda não estão classificados na CIF, conforme já mencionado.

Figura 2 – A estrutura hierárquica da CIF.

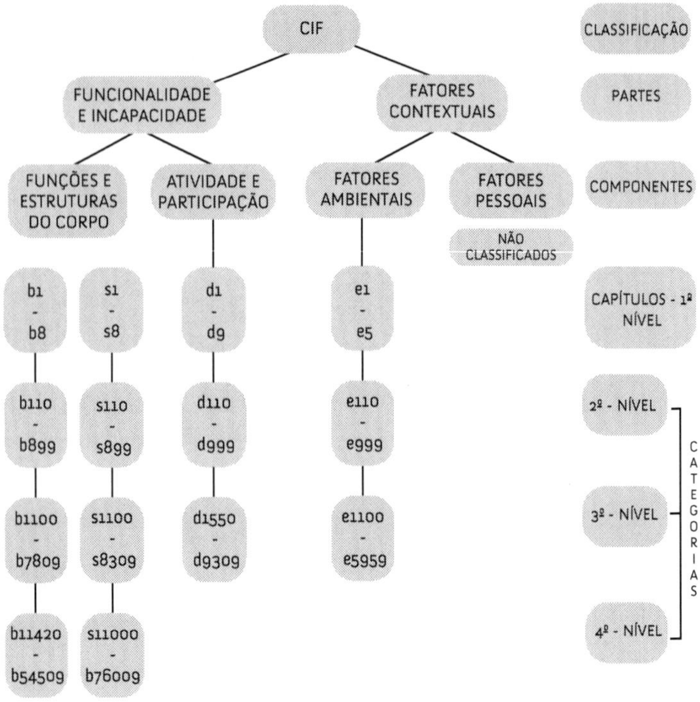

Em todos os componentes classificados, conforme ilustrado na Figura 2, os capítulos representam o 1° nível da classificação. Para a codificação, cada capítulo é subdividido nos elementos básicos da classificação, denominados categorias, organizados nos níveis 2°, 3° e 4°, hierarquicamente organizados.

Os códigos de capítulos e categorias constituem a linguagem classificatória comum que pode ser aplicada inequivocamente em países, idiomas, culturas e profissões diferentes para coleta e comparação dos dados. Os códigos da CIF são compostos, portanto, de um prefixo *b* para Funções corporais (do inglês *Body*), *s* para Estrutura corporal (do inglês *Structures*), *d* para Atividade e participação (do inglês

Domains) e ***e*** para fatores ambientais (do inglês *Environment*) seguido de um código numérico que consiste em um dígito para o capítulo ou o 1° nível, três dígitos para o 2°, quatro para o 3° e cinco para o 4° nível, como no exemplo que se segue.

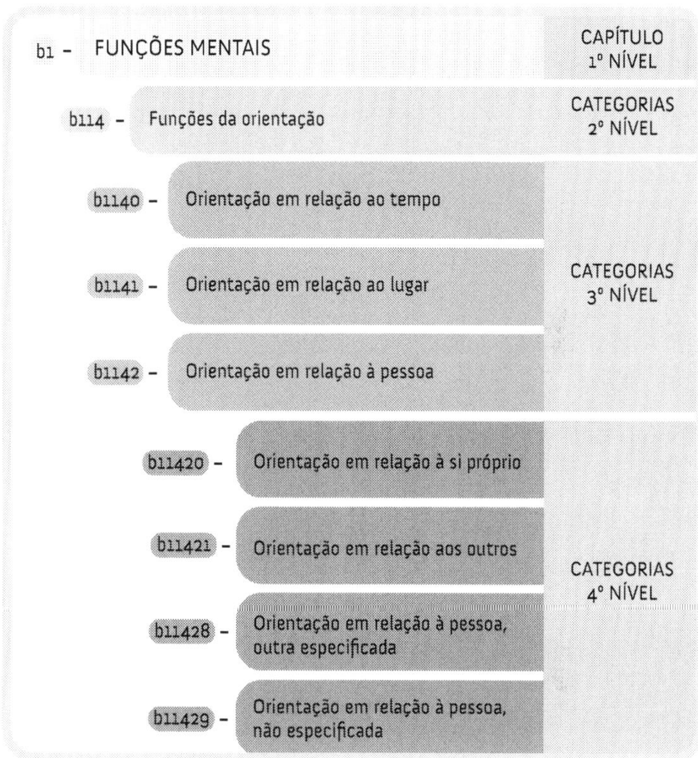

Conforme o acima exposto, esta organização hierárquica da classificação permite que os profissionais escolham uma descrição mais ampla (por exemplo, usando um capítulo de primeiro nível ou uma categoria de segundo nível) ou uma descrição mais detalhada (por exemplo, usando uma categoria de terceiro ou quarto níveis) de uma área específica de funcionamento. O nível de especificidade aumenta a cada nível maior, como mostra o exemplo acima. Desta forma é facultado ao terapeuta a escolha do nível de especificidade necessário para as necessidades clínicas e funcionais de seus pacientes.

QUALIFICADORES

A fim de avaliar as categorias, estão disponíveis classes amplas de percentagens para classificação. Em todos os componentes do funcionamento (funções corporais, estruturas corporais, atividades e participação), o primeiro qualificador descreve a extensão de um problema no funcionamento – mais precisamente, denota a faixa de funcionamento completo (sem problemas) até a incapacidade completa (problema completo), incluindo os níveis intermediários de incapacidade, a saber: leve, moderada e grave. "Nenhum problema" no funcionamento é usado para denotar a ausência de um problema, entendido como incluindo o funcionamento ideal, completo ou até excelente. Nos Fatores Ambientais, o primeiro qualificador indica a quantidade de impacto positivo (facilitador) ou negativo (barreira) do Fator Ambiental no funcionamento. Um fator ambiental é classificado como uma barreira por causa de seu impacto negativo no funcionamento ou por sua ausência. Em algumas situações, a descrição do funcionamento ou dos níveis de incapacidade ou o impacto do meio ambiente não é possível devido à falta de informações ou à inaplicabilidade de uma categoria da CIF. Nessas situações, os códigos .8 e .9 são usados. Como referência para a atribuição dos qualificadores, seguem tabelas 2 e 3 abaixo com os respectivos números e significados, conforme os componentes da CIF.

Tabela 2 – Qualificadores para as Funções e Estruturas Corporais, Atividades e Participação

Qualificador	Significado	Faixa percentual
XXX.0	Sem problema	0 – 4%
XXX.1	Problema leve	5 – 24 %
XXX.2	Problema moderado	25 – 49%
XXX.3	Problema grave/severo	50 – 95%
XXX.4	Problema total	96 – 100%
XXX.8	Não especificado (usado quando não há informações suficientes para a descrição do extensão da dificuldade)	
XXX.9	não aplicável (usado quando a categoria NÃO é aplicável, por exemplo, em 'b650 Funções da menstruação' para homens)	

Para facilitar a compreensão do paciente e /ou familiar ou cuidador no que tange à atribuição de qualificadores para avaliação correta das categorias, sugere-se o emprego deste fluxograma e uma referência visual, conforme ilustrado abaixo (Figura 3), em conjunto com os questionamentos que se seguem. Abaixo está explicitado o fluxograma de raciocínio para a qualificação das funções e estruturas corporais e da atividade e participação. A aplicação do mesmo tem como propósito também facilitar o entendimento por parte do paciente e /ou outro informante para a atribuição dos qualificadores mais representativos para as categorias em questão.

Figura 3 – Fluxograma para auxiliar a atribuição de qualificadores

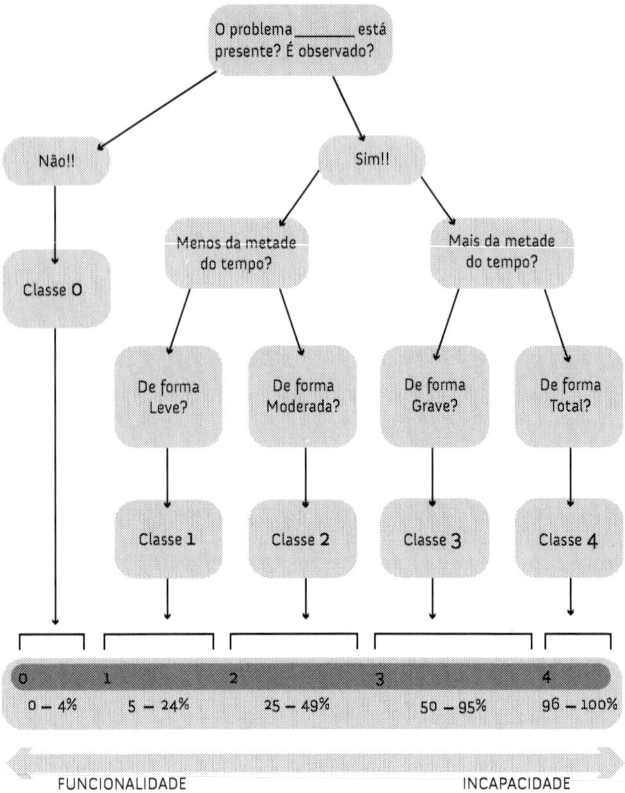

Tabela 3 – Qualificadores para os Fatores Ambientais

Qualificadores Barreiras	Qualificadores Facilitadores
XXX.0 Nenhuma barreira	XXX+0 Nenhum facilitador
XXX.1 Barreira leve	XXX+1 Facilitador leve
XXX.2 Barreira moderada	XXX+2 Facilitador moderado
XXX.3 Barreira severa	XXX+3 Facilitador substancial
XXX.4 Barreira completa	XXX+4 Facilitador completo
XXX.8 Barreira não especificada	XXX+8 Facilitador não especificada
XXX.9 Não aplicável	XXX+9 Não aplicável

Para ser significativo, um código da CIF requer pelo menos um qualificador. Portanto, um código (composto pela letra e pelo código numérico) é concluído por pelo menos o primeiro qualificador colocado após um ponto, seguido do código numérico. Considerando as funções mentais, especificamente as funções executivas, na CIF denominadas funções cognitivas de nível superior (b164), compreendidas como *funções mentais específicas especialmente dependentes dos lobos frontais do cérebro, incluindo comportamentos complexos orientados para metas, tais como, tomada de decisão, pensamento abstrato, planeamento e execução de planos, flexibilidade mental e decisão sobre quais os comportamentos adequados em circunstâncias específicas, funções designadas frequentemente como executivas*, por exemplo a categoria b1643.2, entende-se um comprometimento moderado na habilidade de flexibilidade cognitiva, ou seja *aquelas que permitem mudar estratégias, ou alterar cenários mentais, especialmente as envolvidas na resolução de problemas.*

No que tangem os fatores ambientais, no caso de um facilitador ambiental, o ponto sozinho indica uma barreira e o sinal de mais (+) indica um facilitador, por exemplo e310 + 4 (facilitador completo na área de família próxima).

Outros qualificadores estão disponíveis para todos os componentes, exceto as Funções do corpo (Tabela 3). As estruturas corporais podem ser qualificadas com três qualificadores (primeiro qualificador = extensão da deficiência, segundo qualificador = natureza da deficiência e terceiro qualificador = local da deficiência). Por exemplo, o código da CIF s7501.412 descreve um comprometimento completo (4) devido à ausência total (1) da perna esquerda (2) na perna (s7501), conforme exemplificado por Rauch, Luckenkemper & Cieza (2012).

Para Atividades e Participação, são necessários dois qualificadores. O primeiro qualificador registra o nível de desempenho da área de Atividades e Participação e o segundo a capacidade da pessoa. O desempenho, representado pela letra D, descreve o que um indivíduo realmente faz em seu ambiente atual à luz do impacto positivo ou negativo dos fatores ambientais (incluindo todos os aspectos do mundo físico, social e atitudinal). A capacidade, letra C, por outro lado, descreve a capacidade inerente ou intrínseca de um indivíduo de executar uma tarefa ou ação. Para descrever a verdadeira capacidade de uma pessoa, o segundo qualificador descreve a capacidade, logo, os recursos intrínsecos do indivíduo, sem dispositivos auxiliares, assistência pessoal ou qualquer outro fator ambiental que atue como facilitador ou barreira. Um ambiente neutro, por exemplo um *setting* terapêutico, é sem dúvida o mais adequado para a obtenção de informações sobre a capacidade. A diferença entre desempenho e capacidade reflete o impacto dos fatores ambientais no funcionamento do ambiente do indivíduo. Por exemplo, o código da CIF d450.13 descreve a capacidade de uma pessoa de andar como severamente limitada (3 = problema grave de capacidade), mas o 1 (= problema leve de desempenho) indica que a limitação de capacidade é compensada por algum fator ambiental, por exemplo, um dispositivo auxiliar de caminhada. Informações mais detalhadas podem ser adicionadas com dois qualificadores opcionais: um terceiro para descrever a capacidade com assistência e um quarto qualificador para descrever o desempenho sem assistência (Bickenbach et al., 2012).

Os fatores ambientais são quantificados por apenas um qualificador. O impacto no funcionamento ou nos níveis de incapacidade pode ser positivo quando o fator é um facilitador ou negativo quando é uma barreira. Para denotar essa diferença, um facilitador é marcado com um sinal de adição, ao invés do ponto (+ X) e uma barreira é representada por um ponto (.X); portanto, e310 + 2 significa facilitador moderado "Família próxima" e e310.2 significa barreira moderada nesta categoria.

No que tange especificamente as estruturas corporais, estas podem ser qualificadas com três qualificadores (primeiro qualificador = extensão da deficiência, segundo qualificador = natureza da deficiência e terceiro qualificador = local da deficiência). Por exemplo, o código CIF s7501.412 descreve um comprometimento completo (4) devido à ausência total (1) lado esquerdo (2) da perna (s7501), ver tabela 4.

Tabela 4 – Resumo dos qualificadores das categorias de Funcionalidade e Fatores Contextuais.

Componente	Primeiro qualificador	Segundo qualificador	Terceiro qualificador
Funções corporais	**Extensão da Incapacidade** 0 - Sem problema 1 - Problema leve 2 - Problema moderado 3 - Problema grave 4- Problema completo 8 - Não especificado 9 - Não aplicável	-	-
Estruturas do corpo	**Extensão da Incapacidade** 0 - Sem problema 1 - Problema leve 2 - Problema moderado 3 - Problema grave 4 - Problema completo 8 - Não especificado 9 - Não aplicável	**Natureza da Incapacidade** 0 - Nenhuma mudança na estrutura 1 - Ausência total 2 -Ausência parcial 3 -Parte adicional 4 - Dimensão aberrante 5 - Descontinuidade 6 - Posição divergente 7 - Mudanças qualitativas na estrutura, incluindo acúmulo de fluidos. 8 - Não especificado 9 - Não aplicável	**Localização da Incapacidade** 0 - Mais de uma região 1 - Direito 2 - Esquerdo 3 - Ambos os lados 4 - Frente 5- Atrás 6 - Proximal 7 - Distal 8 - Não especificado 9 - Não aplicável

Componente	Primeiro qualificador	Segundo qualificador	Terceiro qualificador
Atividades e participação	**Extensão da Dificuldade no Desempenho - D** 0 - Sem problema 1 - Problema leve 2 - Problema moderado 3 - Problema grave 4 - Problema completo 8-Não especificado 9- Não aplicável	**Extensão da Dificuldade na Capacidade - C** 0 - Sem problema 1 - Problema leve 2 - Problema moderado 3 - Problema grave 4 - Problema completo 8- Não especificado 9- Não aplicável	

Conforme o acima exposto, os qualificadores preenchem um código da CIF e fornecem a descrição completa do funcionamento ou nível de deficiência de uma pessoa. Se instrumentos padronizados ou outras fontes de informação são usadas para avaliar o nível de funcionamento de uma categoria, os resultados da medida podem ser "traduzidos" em um qualificador. Assim, o uso de qualificadores facilita um entendimento comum da descrição do nível de funcionamento de uma pessoa. Além disso, o uso de qualificadores possibilita o desenvolvimento de perfis funcionais, conforme explicitado em Loschiavo Alvares & Wilson (2020), especificamente, nos capítulos 18, 21e 26 daquela obra.

OS *CORE SETS* DA CIF 3

Sendo a CIF na sua integralidade uma classificação extensa, com mais de 1400 itens, e por conseguinte, com pouca viabilidade clínica, foram propostos os *Core Sets*, enquanto conjuntos chave de categorias relacionadas à condições de saúde específicas, selecionados a partir da CIF, a fim de descrever a funcionalidade e a incapacidade em uma condição de saúde particular, resultantes de um processo cientificamente estruturado.

Os *Core Sets* da CIF foram desenvolvidos para vários contextos de assistência e para várias condições de saúde. Na maioria dos casos, incluem categorias de segundo e terceiro níveis da CIF. Entretanto, em algumas circunstâncias, os capítulos são usados, como por exemplo, o d5 Autocuidado no *Core Set* da CIF para lesão cerebral traumática. Em uma perspectiva clínica, como já mencionada acima, o objetivo de um *Core Set* é tornar a CIF prática para uso diário, abarcando as categorias mais relevantes desta para uma determinada condição de saúde, grupo de condições e contexto da assistência, considerados relevantes para a funcionalidade daquele paciente. O emprego deste, portanto, centra-se no propósito de uma descrição interdisciplinar e abrangente do funcionamento de um indivíduo, fundamentando os profissionais a fim de que os mesmos considerem todos os aspectos potencialmente relevantes para a proposição de intervenções mais eficazes. Uma vez que é somente através de um perfil global de funcionamento de uma pessoa, considerando seus diferentes domínios, é que se torna viável a execução de um planejamento de reabilitação.

Mas, afinal de contas, como eles são desenvolvidos? Conforme demonstrado na Figura 1, adaptada de Ptyushkin, Selb e Cieza (2012), há um rigoroso processo científico composto por multietapas (Sel b et al., 2015). Em um primeiro momento, a partir de um estudo empírico multicêntrico há a identificação dos problemas mais comuns enfrentados pelo grupo-alvo de indivíduos, aplicando a *Checklist* da CIF. Em seguida, uma revisão sistemática da literatura traz o "estado da arte" sobre uma condição de saúde específica, grupo de condição de saúde ou contexto da assistência médica. A pesquisa de especialistas, por sua vez, identifica problemas, de indivíduos-alvo, considerados relevantes pelos profissionais que os tratam. Enquanto esses estudos contribuem para a perspectiva dos profissionais e pesquisadores, o estudo qualitativo reflete a visão das pessoas que vivem com a condições de saúde alvo. Desta forma, os resultados oriundos dos estudos acima explicitados, atuam como ponto de partida para um processo estruturado de tomada de decisão e consenso em uma conferência internacional, durante a qual os profissionais de saúde e especialistas deliberam a respeito de quais categorias da CIF devem ser incluídas na primeira versão de um *Core Set*.

Figura 1 – O processo multietapas de desenvolvimento de um *Core Set*.

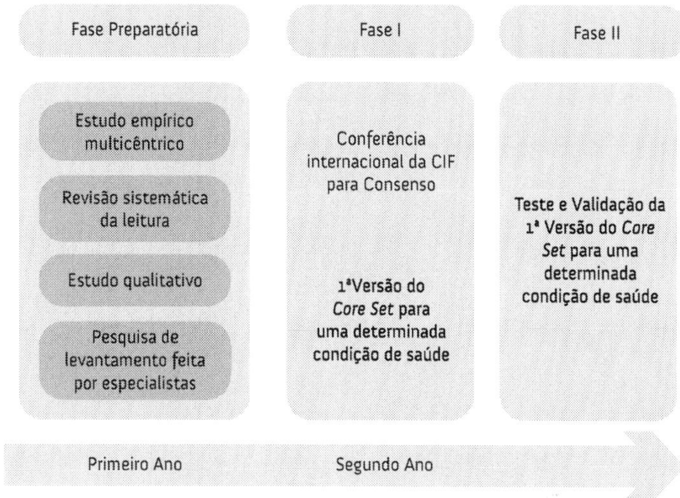

Especificamente, a fim de exemplificar o acima exposto, Bolte et al. (2014), apresentam o caminho para o desenvolvimento do *Core Set* para o transtorno do déficit de atenção e hiperatividade (TDAH), explicitado no **Capítulo 7**. Assim, a validação dos *Core Sets* da CIF é um processo contínuo que incorpora as perspectivas de diferentes profissionais, com pesquisas focadas nos indivíduos com determinadas condições de saúde.

Conforme a recente atualização do ICF Research Branch (disponível em: https://www.icf-research-branch.org), estão disponíveis até o momento mais de 70 *Core Sets* para distintas condições de saúde, a saber: musculoesqueléticas, neurológicas, cardiovasculares e respiratórias, câncer, saúde mental e outras diversas condições.

OS TIPOS DE *CORE SETS*

Conforme a especificidade, a quantidade e as características das categorias envolvidas, existem três tipos de *Core*

Sets da CIF a saber; o Compreensivo / Abrangente, o Breve / Resumido e o Genérico (Bickenbach et al., 2012).

Core Set Compreensivo / Abrangente

Este tipo inclui as categorias da CIF que refletem todo o espectro de problemas típicos que as pessoas com uma condição de saúde ou em um contexto específico de saúde podem enfrentar. Atua, portanto, enquanto uma lista de verificação para orientar os profissionais na avaliação, a fim de não negligenciar aspectos do funcionamento que provavelmente possam se configurar em um problema para o paciente. Devido à sua ampla variedade de categorias, este *Core Set* é uma ferramenta que permite uma avaliação completa e interdisciplinar do funcionamento de uma pessoa com uma condição de saúde específica.

Core Set Breve / Resumido

Este é derivado do Compreensivo / Abrangente e é composto pelas categorias da CIF que devem ser levadas em consideração para qualquer paciente com uma condição de saúde ou em qualquer contexto de assistência médica para o qual este foi desenvolvido. Tem como objetivo maior retratar a essência da experiência de funcionamento e incapacidade da pessoa. Portanto, ele é empregado quando uma breve avaliação do funcionamento é necessária. Assim, serve como ponto de partida para a documentação clínica básica relacionada à condição de saúde ou ao contexto alvo. Cabe ressaltar que este tipo foi desenvolvido para ser usado como o padrão mínimo para descrever com eficiência o funcionamento e a incapacidade em estudos clínicos e epidemiológicos e que ele abarca as categorias de 1° e 2° níveis, selecionadas a partir da versão abrangente, propiciando uma descrição mais ampla e menos detalhada do funcionamento. Eles são usados para descrever apenas as áreas de funcionamento mais prováveis associadas a uma condição de saúde específica.

Core Set Genérico

Diferentemente da abordagem usada no desenvolvimento dos outros *Core Sets*, este foi desenvolvido a partir de um estudo psicométrico. O conjunto de sete categorias da CIF contidas neste são as que melhor diferenciam os diferentes níveis de funcionamento entre pessoas com qualquer condição de saúde, em qualquer contexto de assistência. Portanto, ele tem papel relevante para a determinação de estatísticas de saúde e saúde pública. Pode ser usado para comparar o funcionamento em distintas condições de saúde, contextos, países e grupos populacionais usando apenas um pequeno número de categorias da CIF que são indicadores-chave de saúde e funcionamento globais.

Em que pese sua utilização na clínica, este *Core Set* também ocupa papel de destaque, pois descreve o núcleo do funcionamento de um indivíduo e fornece, rapidamente, um panorama inicial válido e compreensível para qualquer profissional de saúde ou relacionado à saúde envolvido no caso em questão, além de garantir a comparabilidade entre as condições de saúde. Por esse motivo, ao usar qualquer um dos outros *Core Sets*, é importante sempre usar também o genérico.

Quando Usar Cada Tipo

Desta forma, diante do exposto, os *Core Sets* são bastante versáteis e, portanto, aplicáveis a distintas situações clínicas. No que concerne à sua utilização, explicita-se que a variável determinante é o julgamento do profissional a partir da finalidade a que ele se propõe. Logo, considerando a condição de saúde e a demanda clínica para a descrição do funcionamento do paciente, cabe ao profissional a tomada de decisão de qual *Core Set* usar, ressaltando-se que esta deve ser embasada na finalidade clínica do mesmo (Bickenbach et al., 2012).

Conforme já explicitado acima, existem três tipos de *Core Sets*, cada qual com suas particularidades. No que tange ao Genérico, recomenda-se, mediante sua aplicabilidade geral, que este seja sempre usado junto com outro, breve ou abrangente, uma vez que a partir do primeiro é possível a coleta de dados em um ambiente clínico com maior aplicabilidade para outros fins, incluindo estatísticas, planejamento e pesquisa de serviços de saúde.

Já a escolha do *Core Set* Breve ou Resumido, respalda-se na coleta mais breve, e as informações advindas deste são úteis para descrever o funcionamento na perspectiva de um profissional, embora o seu uso em equipes multiprofissionais não seja desaconselhado. Suas informações também são relevantes para inclusive, o planejamento de intervenções. Uma outra alternativa viável na clínica é a inclusão de categorias selecionadas a partir da versão abrangente, que sejam pertinentes ao caso, portanto, ter-se-ia uma versão resumida ampliada. Por exemplo, as funções cognitivas de nível superior (b164) fazem parte do *Core Set* Abrangente do Transtorno Afetivo Bipolar (TAB) e não estão na versão breve para esta condição de saúde. Entretanto, caso o profissional julgue ser relevante para a integral descrição do funcionamento de seu paciente, cabe a ele a inclusão desta categoria, ou quiçá ainda a maior especificidade com a inclusão de, por exemplo, categorias de 3° nível, como as que se seguem:

- b1641: Organização e planejamento – funções mentais que permitem coordenar partes de um todo, de sistematizar; a função mental envolvida no desenvolvimento de um método para prosseguir com qualquer coisa ou para agir.

- b1642: Gestão do tempo – funções mentais que permitem ordenar eventos numa sequência cronológica, atribuindo períodos de tempo para eventos e atividades.
- b1643: Flexibilidade cognitiva – funções mentais que permitem mudar estratégias, ou alterar cenários mentais, especialmente as envolvidas na resolução de problemas.

Ressaltando, inclusive, que em casos de ocorrência de comorbidades, também deve o profissional pensar em *Core Sets* Breves ampliados, abarcando todas as categorias necessárias para a adequada descrição da funcionalidade de um individuo.

E, por fim, o emprego dos *Core Sets* Compreensivos ou Abrangentes, respalda-se no propósito da descrição integral e criteriosa do funcionamento de uma pessoa. Desta forma, eles são viáveis em contextos interdisciplinares, nos quais uma descrição detalhada do funcionamento pode ser distribuída entre os distintos membros da equipe de diferentes formações de base, com o intuito de promoção da avaliação interdisciplinar para o planejamento de um programa de reabilitação (Bickenbach et al., 2012).

Uma vez selecionado o tipo do *Core Set* mais apropriado, a partir da finalidade clinica alvo, é possível então a determinação do perfil de funcionamento de um paciente, lembrando que para cada categoria, há a definição do que ela se propõe a representar bem como há critérios de inclusão e exclusão que facilitam a sua operacionalização, conforme as definições do Manual da CIF (OMS, 2015). Neste presente manual há a descrição e apresentação dos *Core Sets* Abrangentes e Breves, já disponibilizados, para as condições de saúde psiquiátricas, quais sejam, a Esquizofrenia, o TAB, a Depressão, o Transtorno do Déficit de Atenção e Hiperatividade (TDAH) e para o Transtorno do Espectro Autista (TEA). Em que pese que para os dois últimos transtornos, além das versões abrangentes e comuns breves, temos as versões breves específicas que são a Infantil (0 – 5 anos), a Infanto – Juvenil (6 – 16 anos) e a Adulto. Cada qual serão apresentados em capítulos específicos, ressaltando-se que a disponibilização integral dos formulários, já na formatação final para a aplicação na clínica da RN, inédita em português, está disponível para download no site www.nexusclinica.com.br. Ver orientações para esta ação após o sumário deste livro.

AS DISTINTAS FONTES DE INFORMAÇÃO

A CIF, como já conceitualizada acima, oferece um vasto sistema de informações que permite a integração de dados de muitas fontes diferentes. As informações que podem ser organizadas na CIF podem vir tanto de fontes primárias (as pessoas vivenciando incapacidades) quanto de fontes secundárias de dados (p.ex. documentação ou estatísticas pré-existentes), conforme o Manual Prático da CIF (2013). A pessoa que vivencia uma ou mais incapacidades pode fornecer informações diretas por meio de uma entrevista, de um questionário, ou através de outras formas de auto relato. Profissionais ou representantes contextualmente relevantes (p.ex. pais, professores, cuidadores, parceiro) podem usar observação, questionários ou ferramentas e procedimentos de mensuração para coletar as informações pertinentes (Bickenbac h et al., 2012).

Portanto, a melhor fonte de informações a escolher depende das categorias específicas de funcionalidade e incapacidade que devem ser avaliadas, considerando cada caso. Logo, um profissional, como um entrevistador treinado, pode ter uma boa experiência no registro e classificação de uma área específica, mas, todavia, pode não estar na melhor posição para entender toda a experiência de incapacidade à medida que ela afeta outros domínios da vida. Assim sendo, é importante considerar a questão de quem está mais bem qualificado e posicionado para contribuir no registro das informações de funcionalidade e incapacidade.

Alguns aspectos da funcionalidade (p.ex. funções intelectuais e outras funções cognitivas) podem não ser observados diretamente, mas devem ser inferidos através de testes padronizados, como por exemplo, a avaliação neuropsicológica e outros instrumentos. Para outros aspectos, dados de auto relatados podem ser os mais confiáveis e significativos (p.ex. recreação e lazer). Em algumas circunstâncias, pode ser adequado usar múltiplas fontes de dados para os fins de validação cruzada (Bickenbach et al., 2012).

Assim, considerando o contexto clínico, podem ser utilizadas diferentes fontes de informação para a aquisição das informações relevantes à determinação do perfil de funcionamento de um indivíduo, a história clínica, os questionários de auto relato, o exame clínico e a investigação técnica.

História Clínica

A história clínica é coletada a partir do relato, da entrevista com o paciente, seus familiares, cuidadores ou outras fontes de informação pertinentes ao caso. Além disso, as informações podem ser extraídas dos registros do paciente ou de outra documentação relevante. O histórico do caso combina, portanto, a perspectiva do paciente no que tange seu nível de funcionamento, com as informações objetivas. Logo, o uso de um *Core Set* pode orientar os profissionais no processo de obtenção de histórico do caso, para que eles descrevam todas as áreas relevantes ao funcionamento, tanto na perspectiva do paciente quanto do profissional de saúde (Bickenbach et al., 2012).

Questionários de Auto Relato

Estes instrumentos são utilizados para obter informações a partir da perspectiva do paciente, de uma forma escrita e padronizada. Seu uso para avaliação pode contribuir para uma melhor compreensão da experiência subjetiva de funcionalidade, das pessoas com condições de saúde específicas. Esses questionários podem abarcar vários domínios, como qualidade de vida, p.ex., Whoqol (Fleck et al., 2000), funções específicas como a Escala de Sintomas Disexecutivos (DEX-R) (Loschiavo-Alvares et al., 2013; Loschiavo-Alvares & Neves, 2014), *coping* – Escala de Modos de Enfrentamento de Problemas (EMEP) (SEIDL et al., 2001), depressão – Beck Depression Inventory (BDI) (Cunha 2001), dentre outros.

As informações obtidas através destes questionários podem ser usadas para avaliar a extensão do problema nos componentes de funcionamento ou a extensão da barreira ou facilitador nos fatores ambientais de diferentes maneiras. Itens únicos incluídos em um questionário podem ser usados para gerar informações para descrever uma categoria da CIF. Por exemplo, a pergunta 32 da EMEP "Eu tento não agir tão precipitadamente ou seguir minha primeira idéia" relaciona-se diretamente com a categoria b130: *Funções da energia e dos impulsos funções mentais gerais dos mecanismos fisiológicos e psicológicos que estimulam o indivíduo a agir de modo persistente para satisfazer necessidades específicas e objetivos gerais*, mais especificamente ao considerarmos a categoria de terceiro nível, b1304: *Controle dos impulsos: funções mentais que regulam e resistem a impulsos súbitos e intensos de fazer algo.*

Exame Clínico

Os exames clínicos são geralmente realizados por especialistas em áreas distintas de funcionamento. Os exames são freqüentemente realizados usando medidas padronizadas, a saber, por exemplo:

- pressão arterial usando um manguito de pressão arterial, temperatura corporal usando um termômetro clínico, potência muscular usando testes musculares manuais, mobilidade articular usando um goniômetro ou caminhar medindo a distância a pé em uma esteira.
- medidas padronizadas abrangentes avaliando uma combinação de diferentes domínios de funcionamento, como diferentes funções cognitivas, ao considerarmos os distintos testes usados na avaliação neuropsicológica, as medidas de AVD's, como o Índice de Barthel, etc.

Para categorias da CIF que não existem medidas padronizadas ou para as quais as declarações do paciente não estão disponíveis, inspeções visuais ou observações podem fornecer uma fonte alternativa de informação. Além disso, na prática, às vezes as observações são preferidas porque as medidas padronizadas geralmente consomem muito tempo. Embora a descrição do problema com base na observação seja uma questão de julgamento e experiência clínica, ainda permite uma avaliação satisfatória de um problema (Bickenbach et al., 2012).

Investigação Técnica

Além dos exames clínicos, são realizadas investigações técnicas, incluindo procedimentos de diagnóstico, usando equipamentos especializados, como ressonância magnética (RM), dentre outros exames de imagem.

O FORMULÁRIO DA CIF

Como já mencionado acima, os *Core Sets* de interesse para os clínicos da RN na psiquiatria serão apresentados em seus capítulos específicos. Mas, a título de compreensão de sua estrutura, seguem os seus componentes de forma pormenorizada.

Figura 2 – Exemplo de apresentação de uma categoria, d175, das Atividades e Participação, de um *Core Set*.

<table>
<tr><td colspan="3">ATIVIDADES E PARTICIPAÇÃO
Execução de uma tarefa ou ação por um indivíduo em uma situação de vida. Quanto de dificuldade e pessoa em...
D: Desempenho em
C: Capacidade de</td><td>SEM PROBLEMA</td><td>PROBLEMA LEVE</td><td>PROBLEMA MODERADO</td><td>PROBLEMA GRAVE</td><td>PROBLEMA COMPLETO</td><td>NÃO ESPECIFICÁVEL</td><td>NÃO APLICÁVEL</td></tr>
<tr><td>CODIGO DA CATEGORIA</td><td colspan="2">TÍTULO DA CATEGORIA</td><td>0</td><td>1</td><td>2</td><td>3</td><td>4</td><td>8</td><td>9</td></tr>
<tr><td rowspan="4">d175</td><td rowspan="2">Resolver Problemas</td><td>D</td><td></td><td></td><td></td><td></td><td></td><td></td><td></td></tr>
<tr><td>C</td><td></td><td></td><td></td><td></td><td></td><td></td><td></td></tr>
<tr><td rowspan="2">Encontrar soluções para problemas ou situações identificando e analisando questões, desenvolvendo opções e soluções, e executando uma solução selecionada, como por exemplo, na resolução de uma disputa entre duas pessoas. Inclui: resolução de problemas simples e complexos. Exclui: pensar (d163); tomar decisões (d177).</td><td colspan="8">FONTES DE INFORMAÇÃO:
( ) História Clínica
( ) Questionários de Auto Relato - Quais?
( ) Exame Clínico
( ) Investigação Técnica</td></tr>
<tr><td colspan="8">Descrição do Problema:</td></tr>
</table>

Cada categoria da CIF é representada com seus código e título. O formulário também inclui a definição de cada categoria, para todos os componentes, exceto as estruturas do corpo. Inclusões e exclusões são fornecidas. Dependendo do *Core Set* da CIF, o formulário de documentação pode conter categorias de segundo a quarto nível ou, para alguns, blocos ou capítulos também.

A fonte de informação disponível usada para a descrição do problema deve ser assinalada, verificando as opções "História Clínica, "Questionários de Auto Relato" (se utilizou algum ou alguns, citar quais), "Exame clínico" ou "Investigação técnica".

É fornecido espaço para a descrição do problema, o que facilita a documentação dos resultados da avaliação. Este campo permite a documentação dos resultados de uma forma descritiva. Considerando a Atividade e Participação, capacidade e desempenho são qualificados separadamente, de acordo com a figura acima.

Colunas para indicar o qualificador da CIF, que descreve a extensão do problema (0–4, respectivamente 7, 8 e 9), são fornecidas para cada categoria. Dependendo do componente ao qual pertencem, um, dois ou três qualificadores podem ser aplicados para classificação: a extensão da deficiência nas Funções Corporais, a extensão, a natureza e o local da deficiência nas Estruturas Corporais, o desempenho e a capacidade nas Atividades e Participação e a extensão de um facilitador ou barreira em Fatores ambientais, conforme já explicitado no tópico qualificadores (Bickenbach et al., 2012).

A partir da aplicação e emprego clínico dos formulários dos *Core Sets*, um perfil de funcionalidade ilustrando os distintos níveis de funcionamento do individuo é disponibilizado. Estando assim, factível para o profissional da reabilitação, a partir da experiência geral vivida por seu paciente, considerando sua condição de saúde, o delineamento e execução de um plano de reabilitação neuropsicológica com fins funcionais e contextualmente relevantes.

OS *CORE SETS* PARA DEPRESSÃO

4

A depressão, notoriamente, configura-se em um problema de saúde pública, que cursa com um importante comprometimento no desempenho das atividades ocupacionais do indivíduo (Blas & Kurup, 2010). O perfil neuropsicológico da depressão é caracterizado por um comprometimento de múltiplos domínios cognitivos, tais como funções executivas, atenção, velocidade psicomotora e memória episódica (Kalska et al., 2013). Logo, embora seja estabelecido que esta condição de saúde cursa com comprometimentos cognitivos, como apontado acima, evidências recentes vêm demonstrando que tais comprometimentos persistem durante a remissão clínica (Austin, Mitchell & Goodwin, 2001) e encontram-se relacionados a vulnerabilidade a maiores episódios, bem como à cronificação deste transtorno, comprometendo o funcionamento ocupacional e a eficácia social (Millan, 2006; Gorwood et al., 2008).

Considerando o vasto impacto funcional e social deste transtorno, a fim de validar uma ferramenta de avaliação do funcionamento de pessoas com depressão, o *ICF Research Branch* (o braço de pesquisa da CIF) e a Organização Mundial de Saúde (OMS), com o apoio científico do Hospital Geral de Santo António (Portugal), do University Hospital Vienna (Austria), do Jefferson Medical College of Thomas Jefferson

University (EUA), da Ludwig-Maximilian University (Alemanha) e da Maastricht University (Holanda), iniciaram o projeto para desenvolver os *Core Sets* da CIF para a depressão, enquanto uma ferramenta prática que abarcasse o espectro de sintomas e limitações no funcionamento de pessoas com tal transtorno. Este fez parte de um projeto maior que investigou 12 condições de saúde crônicas com alto impacto.

Em conformidade com o *ICF Research Branch*, a fase preparatória incluiu uma revisão sistemática da literatura e uma coleta empírica de dados usando a *Checklist* da CIF. A revisão sistemática foi conduzida a fim de identificar e comparar os conceitos contidos nas medidas de eficácia de estudos clínicos randomizados e controlados publicados de 1991 a 2000, com pacientes com depressão. Já a coleta empírica, a pesquisa com especialistas internacionais (via e-mail), foi realizada com 22 profissionais de saúde, especialistas no tratamento de pessoas com depressão, para identificar o conjunto de domínios que melhor descrevessem o espectro prototípico de problemas no funcionamento e saúde de pessoas com depressão. Em seguida, foi conduzido um estudo transversal multicêntrico, também a partir da *Checklist* da CIF, com uma amostra de conveniência, de 50 pacientes com depressão, em um contexto de reabilitação hospitalar ou ambulatorial, para identificar os problemas comuns vivenciados por eles. E, finalmente, em uma conferência internacional de consenso da CIF ocorrida em 2003, 20 especialistas (psiquiatras, médicos com pelo menos uma especialização em medicina física e de reabilitação, psicólogos, fisioterapeutas, enfermeiros e terapeutas ocupacionais) de 8 países diferentes, decidiram quais categorias da CIF deveriam ser incluídas nos *Core Sets* da CIF. Desta forma, foram selecionadas 121 categorias da CIF para inclusão no *Core Set* Abrangente da CIF para depressão. Destas, 31 categorias foram selecionadas para compor o

Breve para este transtorno. Os resultados estão explicitados no estudo de Cieza e colaboradores (2004).

Um exemplo, a fim de ilustrar clinicamente a aplicação do *Core Set* Breve como medida de eficácia pré e pós reabilitação neuropsicológica, é apresentado por Loschiavo Alvares (2020) em seu livro, de autoria em conjunto com Barbara Wilson, intitulado Reabilitação Neuropsicológica nos Transtornos Psiquiátricos – da teoria à prática.

OS *CORE SETS* PARA ESQUIZOFRENIA 5

A esquizofrenia é um distúrbio mental grave que afeta mais de 21 milhões de pessoas em todo o mundo, conforme a OMS (2016). De acordo com Misiak et al. (2018) e Nunõ et al. (2019), possui etiologia multifatorial, com inúmeras variáveis individuais interagindo com vários fatores ambientais. Sua prevalência ao longo da vida é estimada entre 0,3% e 0,7%. O distúrbio é caracterizado por um curso crônico e recorrente, com remissões geralmente incompletas, marcado pela presença de delírios, alucinações, pensamentos desorganizados, comportamento motor anormal (incluindo catatonia) e sintomas negativos (APA, 2013). Embora essa ampla gama de sintomas possa estar presente em diferentes combinações (Ahmed et al., 2018), os pacientes em todo o espectro da esquizofrenia geralmente apresentam deficiências, limitações e restrições nas principais áreas de funcionamento (como educação, trabalho, relações interpessoais ou autocuidado). O curso deste transtorno é marcado, portanto, por um declínio funcional substancial, além de comorbidades psiquiátricas e médicas frequentes e aumento da mortalidade. A esquizofrenia também está associada a uma enorme carga econômica, cujo maior componente deriva da perda de produtividade. A análise global da carga de doenças mostra que a esquizofrenia está classificada entre as dez principais causas de incapacidade relacionada a doenças no mundo.

Desta forma, diante do exposto, o funcionamento e a incapacidade são cada vez mais levados em consideração na avaliação do impacto da esquizofrenia no indivíduo, bem como da eficácia dos tratamentos. Ainda em conformidade com o *ICF Research Branch*, há substanciais evidências de que o nível de comprometimento em indivíduos com esquizofrenia está intrinsecamente relacionado ao suporte oferecido por diferentes aspectos do ambiente, não apenas circunscrito à família e à comunidade, mas também abrange serviços sociais, sistemas e políticas de saúde. A CIF, conforme já mencionado nos primeiro, segundo e terceiros capítulos desta obra, oferece uma estrutura comum para a coleta de dados sobre o funcionamento e a incapacidade das pessoas que vivem com esquizofrenia. Neste sentido, em 2013, iniciou-se um trabalho cooperativo entre a Universidade de Barcelona e o *ICF Research Branch*, juntamente com pesquisadores da Espanha, da Holanda e Estados Unidos, que assumiram a tarefa de desenvolver um *Core Set* para esquizofrenia. Desta forma, conforme também já explicitado acima, foram conduzidos quatro estudos preparatórios, uma revisão sistemática da literatura, seguida pela pesquisa de especialistas (Barrios et al., 2017), pelo estudo empírico multicêntrico e estudo qualitativo (grupos focais de pacientes, familiares e cuidadores profissionais realizados na Espanha e nos Estados Unidos). A conferência de consenso internacional ocorreu em maio de 2015, e especialistas em esquizofrenia de diferentes países do mundo, com diferentes formações de base, incluíram 97 categorias no *Core Set* Abrangente e 25 no Breve, ver artigo de Goméz-Benito et al. (2018).

A fim de exemplificar a complexidade que é o desenvolvimento de um *Core Set* e o grande aporte de raciocínio clínico e empirismo empregados, será abaixo, apresentado o fluxograma, utilizando o processo *Delphi,* explicitado no trabalho de Nunõ et al. (2019). Este teve como objetivo a investigação da validade de conteúdo dos *Core Sets* para esquizofrenia na perspectiva dos profissionais envolvidos na assistência e identificar, nessa perspectiva e usando a estrutura da CIF, os problemas mais comuns dos pacientes com este transtorno.

Figura 1 – O processo *Delphi* para investigação da validade de conteúdo dos *Core Sets* de Esquizofrenia, adaptado de Nunõ et al. (2019).

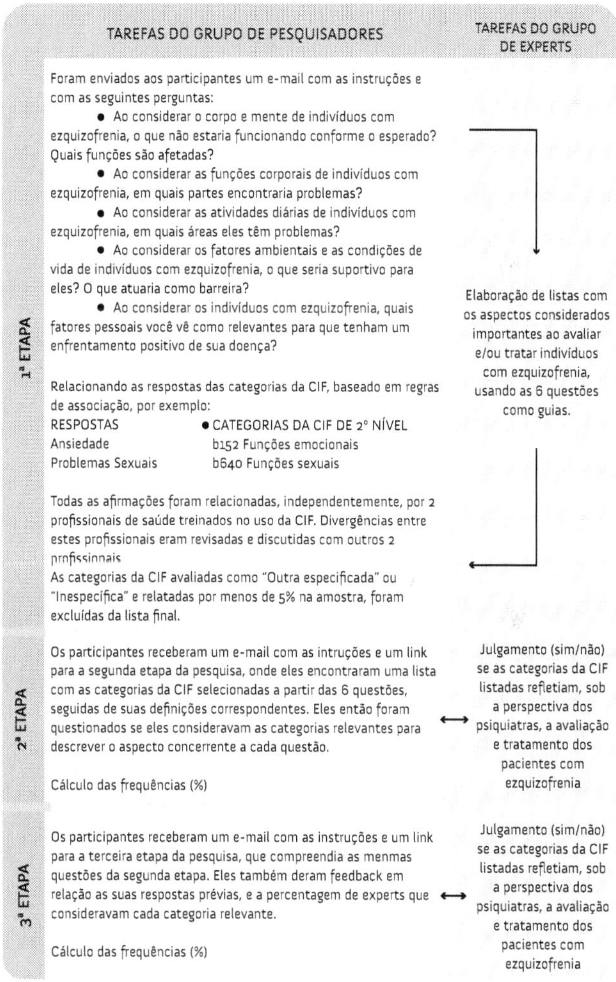

OS *CORE SETS* PARA O TRANSTORNO AFETIVO BIPOLAR

6

O Transtorno Afetivo Bipolar (TAB) é um transtorno do humor caracterizado pela alternância de episódios de depressão, mania ou hipomania. É uma doença crônica que cursa com grande sofrimento, afetando negativamente a vida dos indivíduos em diversas áreas, em especial no trabalho, no lazer e nos relacionamentos interpessoais (Calabrese et al., 2003), acarretando um prejuízo significativo e um impacto negativo na qualidade de vida dos pacientes (Philips & Kupfer, 2013). Conforme Collins et al. (2011), é a quarta maior causa de prejuízo funcional entre os transtornos neuropsiquiátricos, sendo superado apenas por depressões unipolares, transtornos associados ao uso do álcool e à esquizofrenia (Bowie et al., 2010). É responsável por 7% do total de anos de vida perdidos ajustados por incapacidades relacionadas a doenças neuropsiquiátricas, de acordo com a Organização Mundial da Saúde.

O perfil neuropsicológico dos transtornos psiquiátricos, como o transtorno afetivo bipolar (TAB), está relacionado a prejuízos extensos no desempenho funcional e ocupacional, acarretando importantes impactos na esfera social (Bearden et al. 2011; Volkow, Baler & Goldstein, 2011). Sendo característicos os déficits persistentes nas habilidades de memória verbal imediata e tardia, funções executivas, atenção e habilidades psicomotoras não apenas nas fases de mania e depressão, mas, inclusive, após a remissão dos sintomas (Martinez-Aran et al., 2004; Robinson et al., 2006). Desta forma, o objetivo do tratamento em contextos clínicos e de pesquisa se concentrou não apenas na remissão clínica, mas também na recuperação funcional e, mais recentemente, na recuperação pessoal, levando em consideração o bem-estar e a qualidade de vida dos pacientes (Bonnín et al., 2019).

O projeto para o desenvolvimento dos *Core Sets* para esta condição de saúde iniciou-se em 2007, com a colaboração entre o *ICF Research Branch*, a Universidade Autónoma de Madri, a Organização Mundial de Saúde (OMS), o Programa de Transtorno Bipolar do Instituto de Neurociências da Universidade de Madrid, a Clínica Hospitalar da Universidade de Barcelona, a Rede Europeia de Pesquisa no Transtorno Bipolar, a Sociedade Internacional de Distúrbios Bipolares (ISBD) e a Sociedade Internacional de Medicina Física e Reabilitação (ISPRM). Ver Vieta et al. (2007).

Como esperado, a fase preparatória do projeto incluiu uma revisão sistemática da literatura, visando a identificação dos aspectos do funcionamento e fatores ambientais relevantes, com base na literatura relacionada ao TAB, publicada de 2000 a 2006, utilizando a CIF como referência. Em seguida, foi conduzido um estudo qualitativo, com a realização de entrevistas individuais com 15 participantes (com TAB I e II) para explorar as experiências vividas por estes, em relação ao funcionamento e fatores ambientais relevantes. Uma pesquisa de especialistas foi realizada para identificar aspectos relevantes do funcionamento e fatores ambientais relacionados a partir da perspectiva de profissionais de saúde em todo o mundo com experiência no tratamento de pessoas com TAB (ao todo 68 especialistas, oriundos de 27 países do mundo).

Para descrever o funcionamento de indivíduos com TAB, a partir da perspectiva clínica, bem como identificar fatores ambientais relevantes, um estudo transversal multicêntrico com uma amostra de 128 participantes foi realizado pela Clínica Hospitalar da Universidade de Barcelona e pelo Hospital Universitário da Princesa em Madri. As informações coletadas a partir desses estudos preparatórios foram apresentadas na conferência de consenso internacional, um processo de etapas múltiplas, iterativo, de tomada de decisão e de consenso, realizado na Faculdade de Medicina da Universidade Autónoma de Madri (Espanha), em maio 2010. Nesta conferência de consenso, 21 especialistas de 14 diferentes países, decidiram quais categorias da CIF deveriam ser incluídas na primeira versão dos *Core Sets* para o TAB. Ao final, 38 categorias da CIF foram selecionadas para inclusão no *Core Set* Abrangente, e destas, 19 compuseram a versão Breve.

OS *CORE SETS* PARA O TRANSTORNO DO DEFICIT DE ATENÇÃO E HIPERATIVIDADE

7

O transtorno do *déficit* de atenção e hiperatividade (TDAH) é um dos transtornos do desenvolvimento mais comumente diagnosticados na infância, afetando aproximadamente 5% das crianças em idade escolar em todo o mundo (Polanczyk et al., 2007; 2014), continuando na idade adulta, com uma prevalência estimada de 2,5 % (Simon et al., 2009). De acordo com o DSM-V, o TDAH é definido como "um padrão persistente de desatenção e/ou hiperatividade-impulsividade que interfere no funcionamento e no desenvolvimento", sendo que os sintomas devem aparecer antes dos 12 anos de idade, além de existirem evidências claras de que estes interferem (ou afetam qualitativamente) o funcionamento social, acadêmico ou profissional do indivíduo (APA, 2014).

Dentre os sintomas comumente descritos, a caracterização clínica do TDAH envolve sintomas marcantes de desatenção, impulsividade e hiperatividade, além de apresentar-se clinicamente de maneira bastante heterogênea. Queixas como dificuldade de manter a atenção, de desorganização e de problemas escolares, comportamento impulsivo, agitação permanente, além de evitar o esforço cognitivo são amplamente descritos tanto pelas crianças com indicação ou com o diagnóstico de TDAH, como pelos seus familiares. Além dos principais domínios dos sintomas (desatenção, hiperatividade e impulsividade), conforme já relatado, o TDAH está associado ao aumento do risco de limitações sociais e emocionais, restrições educacionais e ocupacionais, comprometimentos relacionados à saúde e comorbidades psiquiátricas (Nigg, 2013), frequentemente, resultando em pior qualidade de vida (Da n-c ka ert s et al., 2010; Agar wal et al., 2012).

No que tangem os *Core Sets* para esta condição de saúde, o Instituto Karolinska e *ICF Research Branch*, em colaboração com um Comitê Diretor internacional e multiprofissional, assumiram a tarefa de desenvolvê-los. A equipe do projeto decidiu usar a versão da CIF Infanto Juvenil (CIF IJ) no estudo. Tal versão além das categorias da classificação de referência da CIF, traz as características particulares da criança e do jovem, considerando o desenvolvimento até a idade adulta e, portanto, inclui outras categorias.

Uma revisão do escopo dos estudos publicados de 2008 a 2013 foi realizada para identificar os parâmetros que foram empregados para quantificar e relatar o TDAH em indivíduos (De Sc hipper et al., 2015, a). Na sequencia, a fim de identificar os aspectos relevantes dos fatores funcionais e contextuais na perspectiva paciente-cliente / pais / cuidador profissional / equipe escolar, foi realizado um estudo qualitativo, a partir de coleta de dados com grupos focais e entrevistas semiestruturadas individuais, conduzidas no Brasil, Índia, Arábia Saudita, África do Sul e Suécia, ver Mahdi et al. (2017). A compilação da opinião de especialistas internacionais sobre aspectos de funcionamento e saúde relevantes para pessoas com TDAH, via internet, foi realizada na sequência, e os resultados já estão publicados em De Schipper et al. (2015, b).

A última etapa, com fins de descrição dos problemas comuns vivenciados por indivíduos com TDAH a partir de uma perspectiva clínica, foi conduzida com a coleta de dados em um estudo transversal multicêntrico de pacientes / clientes com TDAH em 5 países europeus, dois países asiáticos e um país do Oriente Médio. Um formulário de registro de caso que abrangeu os domínios da *Checklist* da CIF estendida, da Escala de Comportamento Adaptativo de Vineland e uma seleção do *Adaptive Behavior Assessment System* foi usado para coletar os dados.

Os resultados compilados dos supracitados estudos foram apresentados em uma conferência de consenso internacional, em setembro de 2016. A partir desta foram então propostos o *Core Set* Abrangente com 72 categorias e o Breve Comum com 38, todas de 2° nível. Para refletir as características específicas das diferentes faixas etárias das pessoas que vivem com TDAH, foram desenvolvidos *Core Sets* Breves para as seguintes faixas etárias: faixa etária pré-escolar de 0 a 5 anos com 47 categorias, faixa etária escolar de 6 a 16 anos com 55 categorias e adultos com 17 anos ou mais com 52 categorias.

OS *CORE SETS* PARA O TRANSTORNO DO ESPECTRO AUTISTA

8

O Transtorno do Espectro Autista (TEA), de acordo com o DSM-V (APA, 2014) caracteriza-se por prejuízos persistentes na interação social recíproca, na comunicação verbal e não verbal, além de uma preferência por atividades e comportamentos repetidos e estereotipados. Tais sintomas estão presentes desde a infância, persistem ao longo da vida e limitam ou prejudicam o funcionamento diário do indivíduo (APA, 2014). Em conformidade com dados demográficos, considerando-se as taxas de 60/10.000 ou a mais recente taxa de 1% se pode estimar, que entre 1 a 2 milhões de brasileiros preencham critérios para o espectro autista, sendo de 400 a 600 mil com menos de 20 anos, e entre 120 e 200 mil menores de cinco anos.

O comprometimento advindo do TEA associa-se a alternâncias no funcionamento cognitivo e emocional, altas taxas de comorbidades psiquiátricas, problemas de relacionamento, más habilidades adaptativas e menor qualidade de vida relatada. Desta forma, a fim de capturar o complexo acometimento funcional, além do diagnóstico, a CIF oferece uma gama de *Core Sets* como uma ferramenta clínica para a descrição da experiência vivida por uma pessoa com TEA de maneira abrangente e padronizada.

O Instituto Karolinska e o *ICF Research Branch*, em colaboração com um Comitê Diretor internacional e multiprofissional, assumiram o desafio de desenvolver os Conjuntos Principais da CIF que podem ser usados na avaliação e acompanhamento de pessoas com TEA. A equipe do projeto decidiu usar a versão da CIF Infanto-Juvenil (CIF IJ) no estudo.

Para identificar estudos de pesquisa sobre o funcionamento e a incapacidade de pessoas com TEA, foi realizada uma revisão sistemática da literatura englobando artigos publicados de 2008 a 2013, a resultante desta investigação foi a publicação de De Schipper e colaboradores (2015, c). Na sequencia, foi conduzido um estudo qualitativo, com o objetivo de identificar aspectos relevantes dos fatores funcionais e contextuais na perspectiva de pacientes / clientes, cuidadores, cônjuges, professores. A amostra incluiu indivíduos do Canadá, Índia, Arábia Saudita, África do Sul e Suécia, que contribuíram com suas experiências a partir do estudo em grupos focais ou entrevistas individuais, os resultados encontram-se disponíveis em Mahdi, Viljoen, Yee et al. (2018).

De Schipper et al. (2015, c) publicaram um artigo resultante da pesquisa internacional, que incluiu 225 especialistas de 10 disciplinas diferentes, oriundos das seis regiões mundiais da OMS. E, na última etapa de estudos preparatórios, a fim de descrever os problemas comuns vivenciados por indivíduos com TEA, foi realizada uma investigação transversal multicêntrica em 6 países europeus, 2 países da América do Sul, 1 país asiático e 1 país do Oriente Médio. Um formulário de registro de caso, que abarcava, dentre outras coisas, os domínios da *Checklist* estendida da CIF, foi usado para coletar os dados. Este estudo envolveu 11 unidades de 10 países. Os pesquisadores examinaram o funcionamento de 122 indivíduos com TEA usando a *Checklist* da CIF IJ. No total, foram identificadas 139 categorias: 64 atividades e participação, 40 funções corporais e 35 fatores ambientais. Os resultados do estudo corroboraram a heterogeneidade do TEA, como evidenciado pelos vários domínios funcionais e contextuais que afetam o TEA do ponto de vista clínico, conforme Mahdi, Albertowski, Almodayfer et al. (2018).

E, em setembro de 2016, em Estocolmo, na Suécia, ocorreu a conferência de consenso internacional. Nesta, especialistas de diferentes países do mundo, deliberaram quais categorias da CIF incluir na primeira versão dos *Core Sets* Breves e Abrangentes da CIF para o TEA.O Abrangente traz 111 categorias e o Core Set Comum Breve, 60 categorias, todas de 2º nível. Para refletir as características específicas das diferentes faixas etárias das pessoas que vivem com TEA, foram desenvolvidos *Core Sets* Breves para as seguintes faixas etárias: pré-escolar de 0 a 5 anos com 73 categorias, escolar de 6 a 16 anos com 81 categorias e adultos com 17 anos ou mais com 79 categorias.

RESUMO – INSTRUÇÕES DE APLICAÇÃO DOS *CORE SETS*

9

O objetivo dos *Core Sets* da CIF, independente da condição de saúde, é descrever o nível de funcionamento do indivíduo, considerando os facilitadores e barreiras que influenciam a sua funcionalidade, e por conseguinte, a sua saúde. Logo eles têm aplicabilidade em distintos contextos, desde os clínicos, passando pela pesquisa e desenvolvimento de políticas de saúde.

A fim de melhor instrumentalizar os profissionais da reabilitação, segue um *checkpoint* com um resumo breve das instruções de uso.

1. Selecione o *Core Set* conforme o diagnóstico de seu paciente.
2. Existem quais Core Sets? Abrangente? Breve? E Breves para faixas etárias específicas (apenas nos casos de TDAH e TEA)?

Dica a respeito de qual selecionar:

A escolha do tipo apropriado depende do objetivo pretendido e da quantidade de informações necessárias para caracterizar o nível de funcionamento de seu paciente. Desta forma, lembre-se!

- O *Core Set* Abrangente é usado para uma descrição completa e detalhada do funcionamento. Devido ao seu nível de especificidade, este é útil em avaliações interdisciplinares para as quais uma avaliação ostensiva pode ser distribuída entre membros da equipe de diferentes formações.

- *Core Set* Breve é usado para descrever as áreas mais comuns de funcionamento, logo, ele pode ser usado em encontros clínicos regulares em que apenas uma avaliação breve é necessária e também em pesquisas clínicas e epidemiológicas. Este pode ser usado por um único profissional. Uma característica específica dos *Core Sets* para TDAH e TEA é que eles permitem a descrição do nível de funcionamento dos pacientes de forma longitudinal, desde o nascimento até a transição para a idade adulta.
- Apenas nas condições de TDAH e TEA, os *Core Set*s Breves Específicos por Idade incluem as categorias da CIF do *Core Set* Breve geral, além das categorias da CIF exclusivas para cada faixa etária, de 0 a 5, de 6 a 16 anos > 17 anos de idade. Cada *Core Set* específico descreve as áreas mais comuns de funcionamento para o grupo etário associado. Estes podem ser aplicados no contexto clínico ou de pesquisa, onde detalhes adicionais são desejáveis para intervir ou descrever um grupo etário específico.

3. Descrição do Nível de Funcionalidade

Depois que o *Core Set* apropriado é selecionado, as categorias da CIF contidas neste são usadas como referência para orientar os profissionais no processo de avaliação. Cada categoria da CIF possui a sua definição correspondente com critérios de inclusão e exclusão. Os profissionais podem usar entrevistas, histórico médico, exame clínico, ferramentas clínicas, questionários, instrumentos de auto relato e / ou investigações técnicas para coletar informações relacionadas a cada categoria da CIF. A seleção de questionários e ferramentas clínicas depende de quão bem o conteúdo das ferramentas se alinham com as categorias da CIF incluídas no *Core Set*.

4. Atribuindo os qualificadores

Para determinação da funcionalidade / incapacidade e avaliação dos fatores contextuais, deve-se atribuir os qualificadores específicos a cada categoria.

- Relembrando! Os qualificadores da CIF representam uma escala ordinal geral que varia de 0 = nenhum problema a 4 = problema completo. Eles descrevem o grau de comprometimento, limitação ou restrição em cada categoria relativa às Estruturas e funções corporais, atividade e participação. Além disso, dentro do componente Fatores Ambientais, os qualificadores da CIF descrevem barreiras ou facilitadores, variando de 0 = nenhuma barreira / facilitador a 4 barreira / facilitador completo, representando os facilitadores com o sinal "+".
- A designação dos qualificadores da CIF é feita com base em julgamento clínico e eles devem ser usados apenas como descritores do grau de funcionamento.
- Por fim, os Fatores Pessoais não possuem categorias de CIF designadas, desta forma, recomenda-se adicionar ao perfil funcional as características pessoais essenciais para o caso clínico, considerando-as sempre à luz de seus respectivos impactos positivo ou negativo nas Estruturas Corporais, Funções Corporais, Atividade e Participação e fatores ambientais. Fatores pessoais como preferências, personalidade, estigma, autoestima, crenças e distorções cognitivas, humor, *coping* influenciam a adesão à intervenção; portanto, devem ser rotineiramente

abordados e levados em consideração pelos profissionais, ver o Modelo Abrangente de RN para os transtornos psiquiátricos de Loschiavo Alvares & Wilson (2020).

Vale ressaltar que como todo instrumento, cabe ao profissional o aprofundamento e estudo pormenorizado da CIF, a fim de que possa compreender na sua integralidade o paradigma proposto, as categorias e toda a taxonomia da CIF. Esta é uma condição básica para o uso exitoso dos *Core Sets* na clínica da RN.

CONSIDERAÇÕES FINAIS 10

Os *Core Sets* da CIF, conforme apresentados e contextualizados ao longo deste manual para indivíduos com depressão, TAB, esquizofrenia, TDAH e TEA, mostram-se enquanto ferramentas de extrema relevância clínica na avaliação das necessidades de um paciente, na formulação de metas de intervenção e, por conseguinte, na avaliação de eficácia da RN.

A RN tem como propósito maior, permitir que os indivíduos com deficiências alcancem e mantenham o seu funcionamento ideal interagindo com seu meio ambiente e contextos de forma mais funcional possível. Conforme já postulado ao longo deste livro, de acordo com o paradigma da CIF, tal funcionamento é resultante da interação dinâmica entre a condição de saúde e os fatores contextuais.

Dentro da seara da RN, é ininterrupto o processo de identificação de problemas e necessidades do indivíduo, relacionando a estes, sempre, os fatores relevantes pessoais e e ambientais, tendo como maior propósito a otimização do estado de saúde e qualidade de vida do paciente, mitigando as consequências disfuncionais da condição de saúde de base (Loschiavo-Alvares, 2020). E é a partir deste processo que são definidos os objetivos da terapia, planejando e implementando as intervenções em RN, e, por fim, avaliados os efeitos da intervenção usando medidas de variáveis relevantes. Neste mister, ressalta-se o recente trabalho Prodinger et al. (2019), cujos robustos resultados fornecem evidências que respaldam o uso das categorias da CIF, com seus respectivos qualificadores, enquanto instrumentos uteis para mensurar a funcionalidade. Logo, este artigo traz implicações diretas para a reabilitação ao corroborar a CIF enquanto uma escala de classificação para avaliar e mensurar os impactos da intervenção.

No que tange a clínica da RN, o estabelecimento de metas é um elemento chave, uma vez que é a partir deste que se dá a identificação das necessidades, valores e expectativas do indivíduo em relação à sua reabilitação (Soberg et al., 2008). Logo, o estabelecimento de metas envolve o desenvolvimento e a implementação de um plano de reabilitação projetado para orientar e motivar um indivíduo em direção a um objetivo funcional específico, a partir das ocupações que lhes são significativas. Desta forma, cabe ao profissional da RN a incorporação de um meio de avaliar os objetivos e / ou o plano de intervenção. Os objetivos de reabilitação, conforme Levack et al. (2015), são definidos como "um estado futuro desejado a ser alcançado por uma pessoa com deficiência como resultado das atividades de reabilitação" e com o objetivo maior de otimizar o funcionamento. Os objetivos de reabilitação são descritos como uma bússola para as intervenções em reabilitação clínica (Kus et al., 2011). A CIF, portanto, tem papel de maior destaque em todo este processo, pois a partir dela torna-se possível especificar metas em termos de funcionamento, incluindo a condição de saúde e os fatores contextuais. O que agrega substancialmente para o processo de raciocínio clínico para a intervenção em RN, conforme o postulado recente de Loschiavo Alvares e Wilson (2020) que a incluíram no Modelo Abrangente de Reabilitação Neuropsicológica para os Transtornos Psiquiátricos.

REFERÊNCIAS

AGARWAL, R.; GOLDENBERG, M.; PERRY, R. et al. The quality of life of adults with attention deficit hyperactivity disorder: a systematic review. **Innov Clin Neurosci**, v. 9, p. 10-21, 2012.

AHMED, A.O.; STRAUSS, G.P.; BUCHANAN, R.W.; KIRKPATRICK, B.; CARPENTER, W.T. Schizophrenia heterogeneity revisited: Clinical, cognitive, and psychosocial correlates of statistically-derived negative symptoms subgroups. **J Psychiatr Res. Pergamon**, v. 97, p. 8–15, 2018.

AMERICAN PSYCHIATRIC ASSOCIATION. **Diagnostic and statistical manual of mental disorders (DSM-5).** American Psychiatric Pub; 2013.

AMERICAN PSYCHIATRIC ASSOCIATION. **Manual Diagnóstico e Estatístico de Transtornos Mentais.** 5 ed. Porto Alegre, 2014.

ARTHANAT, S.; NOCHAJSKI, S.M.; STONES, J. The international classification of functioning, disability and health and its application to cognitive disorders. **Disability and Rehabilitation**, v. 26, p. 235-245, 2004.

AUSTIN, M. P.; MITCHELL, P.; GOO- DWIN, G. M. Cognitive deficits in de- pression: possible implications for functional neuropathology. **British Journal of Psychiatry**, p. 200- 206, 2001.

BARRIOS, M.; GUILERA, G.; SELB, M.; GÓMEZ-BENITO, J. Identification of problems in the functioning of individuals with schizophrenia from the expert perspective: an Internet--based survey. **Disability and Rehabilitation**, v. 39, n. 20, p. 2055-2062, 2017.

BEARDEN, C. E.; SHIH, V. H.; GRE- EN, M. F. et al. The impact of neurocognitive impairment on occupational recovery of clinically stable patients with bipolar disorder: a prospective study. **Bipolar Disorders,** v. 13, n. 4, 323-333, 2011.

BICKENBACH, J. What is functioning and why is it important. In: BICKENBACH, J.; CIEZA, A.; RAUCH, A.; STUCKI, G. Eds. **ICF CORE SETS Manual for Clinical Practice**. Göttingen: Hogrefe, 2012.

BICKENBACH, J.; CIEZA, A.; RAU-CH, A.; STUCKI, G. Eds. **ICF CORE SETS Manual for Clinical Practice**. Göttingen: Hogrefe, 2012.

BLAS, E.; KURUP, A. S. **Equity, social determinants and public health pro- grammes**. Geneva: WHO, 2010.

BÖLTE, S.; DE SCHIPPER, E.; HOLTMANN, M.; et al. Development of ICF Core Sets to standardize assessment of functioning and impairment in ADHD: the path ahead. **Eur Child Adolesc Psychiatry**., v. 23, n. 12, p. 1139-1148, 2014.

BONNÍN, C.M.; REINARES, M.; MARTÍNEZ-ARÁN, A.; JIMÉNEZ, E.; SÁNCHEZ-MORENO, J.; SOLÉ, B.; MON-TEJO, L.; VIETA, E. Improving Functioning, Quality of Life, and Well-being in Patients With Bipolar Disorder. **International Journal of Neuropsychopharmacology**, v.8, p.467–477, 2019.

BOWIE, C. R.; DEPP, C.; MCGRA- TH, J. A. et al. Prediction of real-world functional disability in chronic mental disorders: a comparison of schizophrenia and bipolar disorder. **The American Journal of Psychiatry**, v. 167, n. 9, p. 1116-1124, 2010.

CALABRESE, J. R.; HIRSCHFELD, R. M.; REED, M. et al. Impact of bipolar disorder on a U.S. community sample. **J Clin Psychiatry**. v. 64, n. 4, p. 425- 432, 2003.

CERQUEIRA, A.R.; PINTO, A.R.; SOUSA, A.A.; AZEVEDO, A.; FREITAS, C.; TEIXEIRA, E., et al. **Formação em reabilitação psicossocial de pessoas com incapacidades psiquiátricas – Manual de formador.** Gaia: Escola Superior de Tecnologia e Saúde do Porto, 2009.

CIEZA, A. et al. ICF Core Sets for depression. **J Rehabil Med**, v. 44, p. 128-134, 2004.

COLLINS, P. Y.; PATEL, V.; JOESTL, S. S. et al. Grand challenges in global mental health. **Nature,** v. 475, n. 7354, p. 27-30, 2011.

CORRIGAN, P.W.; MUESER, K.T.; DRAKE, R.E. et al. **The Principles and Practice of Psychiatric Rehabilitation**: An Empirical Approach. New York: Guilford, 2007.

CUNHA, J. **Manual em português das escalas Beck**. São Paulo: Livraria do Psicólogo, 2001.

DANCKAERTS, M.; SONUGA- -BARKE, E. J. S.; BANASCHEWSKI, T. et al. The quality of life of children with attention deficit/hyperactivity disorder: a systematic review. **Eur Child Adolesc Psychiatry**, v. 19, p. 83-105, 2010.

de SCHIPPER, E.; LUNDEQUIST, A.; WILTEUS, A.L., ET AL. A comprehensive scoping review of ability and disability in ADHD using the International Classification of Functioning, Disability and Health-Children and Youth Version (ICF-CY). **Eur Child Adolesc Psychiatry.**, v. 24, n. 8, p. 859-872, 2015, a.

de SCHIPPER, E.; MAHDI, S.; COGHILL, D.; ET AL. Towards an ICF Core Set for ADHD: a worldwide expert survey on ability and disability. **Eur Child Adolesc Psychiatry.**, v. 24, n. 12, p. 1509-1521. 2015, b.

de SCHIPPER, E.; LUNDEQUIST, A.; COGHILL, D., et al. Ability and Disability in Autism Spectrum Disorder: A Systematic Literature Review Employing the International Classification of Functioning, Disability and Health-Children and Youth Version. **Autism Res.**, v. 8, n. 6, p. 782-794, 2015, c.

FARINA, E.; FIORAVANTI, R.; PIG- NATTI, R. et al. Functional living skills assessment: a standardized measure of high-order activities of daily living in patients with dementia. **European Journal of Physical and Rehabilitation Medicine**, v. 46, p. 73-80, 2010.

FLECK, M. P. A.; LOUZADA, S.; XAVIER, M.; CHACHAMOVICH, E.; VIEIRA, G.; SANTOS, L.; et al. Aplicação da versão em português do instrumento abreviado de avaliação da qualidade de vida "WHOQOL-Bref". **Rev. Saúde Pública**, v. 34, p. 178-183, 2000.

GÓMEZ-BENITO, J.; GUILERA, G.; BARRIOS, M.; ROJO, E.; PINO, O.; GOROSTIAGA, A.; BALLUERKA, N.; HIDALGO, M.D.; PADILLA, J.L.; BENÍTEZ,I.; SELB, M. Beyond diagnosis: the Core Sets for persons with schizophrenia based on the World Health Organization's International Classification of Functioning, Disability, and Health. **Disability and Rehabilitation**, v. 40, n. 23, p. 2756-2766, 2018.

GORWOOD, P.; CORRUBLE, E.; FA- LISSARD, B. et al. Toxic effects of de- pression on brain function: impairment of delayed recall and the cumulative length of depressive disorder in a large sample of depressed outpatients. **Am. J. Psychiatry**, v. 165, p. 731-739, 2008.

GRANT, I.; ADAMS, K.M. **Neuropsychological assessment of neuropsychiatric and neuromedical disorders**. 3rd ed. New York: Oxford University Press, 2009.

HAGEDORN, R. **Ferramentas para prática em Terapia Ocupacional: uma abordagem estruturada aos conhecimentos e processos centrais**. São Paulo: Rocca, 2007.

ICF Research Branch. Disponível em: http://www.icf-research-branch.org/ download/viewcategory/5.html. Acesso em: 05 jul 2020.

KALSKA, H.; PESONEN, U.; LEHI- KOINEN, S. et al. Association between neurocognitive impairment and the short allele of the 5-HTT Promoter Polymorphism in depression: a pilot study. **Psychiatry Journal**, v. 849346, p. 1-6, 2013.

KRAUSS, M.S.; KEEFE, R.S.E. Cognition as an outcome measure in schizophrenia. **The British Journal of Psychiatry,** v. 191, s. 50, p. 46-51, 2007.

KUS, S.; MU€LLER, M.; STROBL, R.; et al. Patient goals in post-acute geriatric rehabilitation: goal attainment is an indicator for improved functioning. **J Rehabil Med.**, v. 43, n. 2, p.156–161, 2011.

LEVACK, W.M.; WEATHERALL, M.; HAY-SMITH, E.J.C; et al. Goal setting and strategies to enhance goal pursuit for adults with acquired disability participating in rehabilitation. **Cochrane Database Syst Rev.**, CD009727, 2015.

LOSCHIAVO-ALVARES, F.Q.; SEDIYAMA, C.Y.N.; RIVERO, T.S., ET AL. Tools for efficacy's assessment of neuropsychological rehabilitation programs. **Clinical Neuropsychiatry**, v. 8, n.3, p. 1-11, 2011.

LOSCHIAVO-ALVARES, F. Q., SEDIYAMA, C. Y. N., VASCONCELOS, A. G., NEVES, F. S., CORRÊA, H., MALLOY-DINIZ, L., & BATEMAN, A. Clinical application of DEX-R for patients with bipolar disorder type I and II. **Clinical Neuropsychiatry**, v.10, p. 86-94, 2013.

LOSCHIAVO-ALVARES, F. Q.; NEVES, F. S. Efficacy of neuropsychological rehabilitation applied for patients with bipolar disorder. **Psychology Research**, v. 10, p. 779-791, 2014.

LOSCHIAVO-ALVARES, F.Q.; FISH, J.; WILSON, B.A. Applying the comprehensive model of neuropsychological rehabilitation to people with psychiatric conditions. **Clinical Neuropsychiatry**, v. 15, n. 2, p. 83-93, 2018.

LOSCHIAVO-ALVARES, F.Q. O Status Funcional – A Classificação Internacional de Funcionalidade. In: LOSCHIAVO-ALVARES, F.Q., WILSON, B.A. **Reabilitação Neuropsicológica nos Transtornos Psiquiátricos – da teoria à prática**. Belo Horizonte: Editora Artesã, 2020.

LOSCHIAVO-ALVARES, F.Q.; WILSON, B.A. **Reabilitação Neuropsicológica nos Transtornos Psiquiátricos – da teoria à prática**. Belo Horizonte: Editora Artesã, 2020.

MAHDI, S., VILJOEN, M., MASSUTI, R. et al. An international qualitative study of ability and disability in ADHD using the WHO-ICF framework. **Eur Child Adolesc Psychiatry,** v. 26, p. 1219–1231, 2017.

MAHDI, S.; ALBERTOWSKI, K.; ALMODAYFER, O.; et al. An International Clinical Study of Ability and Disability in Autism Spectrum Disorder Using the WHO-ICF Framework. **J Autism Dev Disord.**, v. 48, n. 6, p. 2148-2163, 2018.

MAHDI, S.; VILJOEN, M.; YEE, T.; et al. An international qualitative study of functioning in autism spectrum disorder using the World Health Organization international classification of functioning, disability and health framework. **Autism Res.**, v.11, n. 3, p. 463-475, 2018.

MARTINEZ-ARAN, N. A.; VIETA, E.; REINARES, M. Cognitive function across manic or hypomanic, depressed, and euthymic states in bipolar disorder. **American Journal of Psychiatry,** v. 161, p. 262–270, 2004.

MILLAN, M. J. Multi-target strategies for the improved treatment of depressive states: conceptual foundations and neuronal substrates, drug discovery and therapeutic application. **Pharmacol. Ther.**, v. 110, p. 135-370, 2006.

MISIAK, B.; STRAMECKI, F.; GAWĘDA, Ł.; PROCHWICZ, K.; SĄSIADEK, M.M.; MOUSTAFA, A.A. et al. Interactions between variation in candidate genes and environmental factors in the etiology of schizophrenia and bipolar disorder: a systematic review. **Mol Neurobiol.**, v. 55, p. 5075–5100, 2018.

NEISTADT, M.E.; CREPEAU, E.B. **Terapia Ocupacional**. Rio de Janeiro: Editora Guanabara Koogan, 2002.

NIGG, J. T. Attention-deficit/hyperactivity disorder and adverse health outcomes. **Clin Psychol Rev.**, v. 33, p. 215-228, 2013.

NUÑO, L.; GUILERA, G.; COENEN, M.; ROJO, E.; GOMEZ-BENITO, J.; BARRIOS, M. Functioning in schizophrenia from the perspective of psychologists: A worldwide study. **PLoS ONE**, v.14, n. 6, 2019.

ORGANIZAÇÃO MUNDIAL DA SAÚDE. **Como usar a CIF: Um manual prático para o uso da Classificação Internacional de Funcionalidade, Incapacidade e Saúde (CIF). Versão preliminar para discussão.** Outubro de 2013. Genebra: OMS

ORGANIZAÇÃO MUNDIAL DA SAÚDE. **CIF – Classificação Internacional de Funcionalidade Incapacidade e Saúde.** São Paulo: Edusp, 2015.

PHILLIPS, M. L.; KUPFER, D. J. Bi- polar disorder diagnosis: challenges and future directions. **Lancet**, v. 381, n. 9878, p.1663-1671, 2013.

POLANCZYK, G.; DE LIMA, M. S.; HORTA, B. L. et al. The worldwide prevalence of ADHD: a systematic re- view and metaregression analysis. **Am J Psychiat**, v. 164, p. 942-948, 2007.

POLANCZYK, G.V.; WILLCUTT, E.G.; SALUM, G.A. et al. prevalence estimates across three decades: an updated systematic review and meta-regression analysis. **Int J Epidemiol**, v. 43, p. 434- 442, 2014.

PRODINGER, B.; STUCKI, G.; COENEN, M.; TENNANT, A. The measurement of functioning using the International Classification of Functioning, Disability and Health: comparing qualifier ratings with existing health status instruments. **Disabil Rehabil.**, v. 41, n. 5, p. 541-548. 2019.

PTYUSHKIN, P.; SELB, M.; CIEZA, A. ICF Core Sets. In: BICKENBACH, J.; CIEZA, A.; RAUCH, A.; STUCKI, G. Eds. **ICF CORE SETS Manual for Clinical Practice**. Göttingen: Hogrefe, 2012.

RAUCH, A.; LÜCKENKEMPER, M.; CIEZA, A. Introduction to the International Classification of Functioning, Disability and Health. In: BICKENBACH, J.; CIE-

ZA, A.; RAUCH, A.; STUCKI, G. Eds. **ICF CORE SETS Manual for Clinical Practice**. Göttingen: Hogrefe, 2012.

ROBINSON, L. J.; THOMPSON, J. M.; GALLAGHER. P. A metaanalysis of cognitive deficits in euthymic patients with bipolar disorder. **Journal of Affect Disorder**, v. 93, p. 105-115, 2006.

SEIDL, E. M. F.; TRÓCCOLI, B. T.; ZANNON, C. M. L. M. Análise fatorial de uma medida de estratégias de enfrentamento. **Psicologia: Teoria e Pesquisa**, v.17, p. 225-234, 2001.

SELB, M.; ESCORPIZO, R.; KOSTANJSEK, N.; STUCKI, G.; ÜSTÜN, B.; CIEZA, A. A guide on how to develop an International Classification of Functioning, Disability and Health Core Set. **Eur J Phys Rehabil Med.**, v. 51, n. 1, p.105-117, 2015.

SIMON, V.; CZOBOR, P.; BÁLINT, S. et al. Prevalence and correlates of adult attention-deficit hyperactivity disorder: meta-analysis. **Br J Psychiatry**, v. 194, p. 204-211, 2009.

SOBERG HL, FINSET A, ROISE O, ET AL. Identification and comparison of rehabilitation goals after multiple injuries: an ICF analysis of the patients', physiotherapists' and other allied professionals' reported goals. **J Rehabil Med.**, v. 40, n. 5, p. 340–346, 2008.

SOHLBERG, M.; MATEER, C.A. **Cognitive rehabilitation: an integrative neuropsychological approach**. New York: Guilford Press, 2001.

SUNDBERG, N.D.; TYLER, L.E. **Clinical Psychology**. New York: Appleton – Century – Crofts, 1962.

VIETA E, CIEZA A, STUCKI G, ET AL. Developing Core Sets for persons with bipolar disorder based on the International Classification of Functioning, Disability and Health. **Bipolar Disord.**, v.9, p. 16-24, 2007.

VOLKOW, N. D.; BALER, R. D.; GOL- DSTEIN, R. Z. Addiction: pulling at the neural threads of social behaviors. **Neuron**, v. 69, n. 4, p. 599-602, 2011.

WILSON, B.A. Toward a comprehensive model of cognitive rehabilitation. **Neu- ropsychological Rehabilitation**, v.12, p. 97-110, 2002.

WILSON B. **Neuropsychological rehabilitation: theory and practice**. Lisse: Swits & Zeitlinger, 2005.

WILSON, B.A. **Reabilitação da Memória – Integrando Teoria e Prática**. Porto Alegre: Artmed, 2011.

Construindo ideias
e conectando mentes

Este livro foi composto com tipografia Bembo Std
e impresso em papel Offset 90g/m² em dezembro de 2025.